enVie

Enseignements du Monde spirituel

Éditions Favre SA
Siège social: 29, rue de Bourg – CH-1002 Lausanne
Tél.: (+41) 021 312 17 17 – Fax: (+41) 021 320 50 59
lausanne@editionsfavre.com
Bureau de Paris:
7, rue des Canettes – F-75006 Paris
www.editionsfavre.com

Dépôt légal en Suisse en novembre 2018.

Peinture de couverture: *Un ange à ma porte* de Marie Gailland
Mise en pages: Dynamic 19

ISBN: 978-2-8289-1721-0

Les Éditions Favre bénéficient d'un soutien structurel de l'Office fédéral de la culture pour les années 2016-2020.

Céline Sommer

L'enVie

Enseignements du Monde spirituel

Réalisé en partage avec Joël Cerutti

FAVRE

À Jody et Tess, mes merveilleuses

À Renée et Jean-Claude, qui m'ont offert ma vie géniale, ils sont mes piliers

À Marie-Claude, Catherine et Sébastien, grâce à eux, l'enVie est présente

À Fred, avec qui je suis la femme que j'aime être

J'ai la chance de cheminer avec eux

TABLE DES MATIÈRES

« De ce qu'un fait vous semble
étrange, vous concluez
qu'il n'est pas.
Ce qui est puéril, c'est de se figurer
qu'en se bandant les yeux devant
l'inconnu, on supprime l'inconnu. »

Victor Hugo

AVANT-PROPOS DE L'AUTEUR

Que vous ayez enVie d'utiliser vos compétences médiumniques ou simplement de vivre agréablement, les savoir-être qui le permettent sont identiques.

Dans ce livre, je partage avec vous plus de vingt ans de médiumnité qui m'ont fait développer des approches simples et à la portée de tous.

Elles m'ont permis de mettre en place une structure, dans laquelle ma médiumnité s'est installée. En même temps, j'ai pris ma place, ici sur terre, avec amour.

C'est de là que « l'enVie » est née.

Puisque tout le monde a une âme, le Monde spirituel est à la portée de tous.

Pour que cela puisse se faire sans heurts, une structure et une discipline sont indispensables.

Au long de ces chapitres, je parle d'expériences vécues afin d'étayer l'utilité de certaines actions, et d'annuler quelques fausses croyances et peurs inutiles.

Mon souhait est de vous permettre de vous enrichir tout en restant qui vous aimez être.

Je vous invite dans mes points de vue, non dans une vérité absolue.

Vous l'aurez compris, pour moi, tout se trouve déjà à l'intérieur de nous.

Il suffit parfois d'un autre regard, qui suscite un déclic, et finalement une enVie...

Bienvenue

LES PIEDS SUR TERRE ?

La plaque est posée à l'entrée du bâtiment où se trouve mon atelier, à Martigny. Elle indique que je suis médium, guérisseuse et coach. Coach, cela passe encore. Médium et guérisseuse: ces mots déclenchent parfois des sourires sceptiques. Beaucoup de gens semblent me voir comme quelqu'un qui n'a pas les pieds sur terre, qui est déconnectée de la réalité. De leur réalité, en fait.

Depuis que je travaille avec le Monde spirituel, avoir les pieds sur terre, c'est exister en fonction de ce que je suis. Je vous donne un exemple concret.

À une période de ma vie, j'exerçais un métier socialement reconnu. Je commençais, en parallèle, à donner des consultations en médiumnité ou en guérison. Dans ma santé, il y avait toujours quelque chose qui n'allait pas. J'avais mal aux jambes, ma nuque se bloquait, je ne dormais pas bien, mes dents m'embêtaient. À cause du stress, de la nervosité, mon énergie n'était pas comme je l'aurais aimé.

Pendant six ans, j'ai bercé entre mon travail socioprofessionnel et la médiumnité. Je n'arrivais pas à me décider, à sauter le pas pour qu'elle devienne ma principale source de revenus. Je me tenais sans cesse, inconsciemment, sur le fil du rasoir, à ne pas savoir si j'allais tomber ou rester debout.

Puis, un jour, je me suis décidée à donner mon congé. Lorsque j'ai envoyé ma lettre de démission, en recommandé, c'est tout juste si je ne l'ai pas jetée à la tête de la personne au guichet de la poste de peur de changer d'avis.

Dès que ce courrier a été expédié, cela a changé ma qualité de vie. J'avais trois mois de délai. Pendant ce temps, mon rationnel me posait en boucle ces questions: «As-tu fait le bon choix? En es-tu sûre?» Ceux qui m'aimaient avaient peur pour moi.

« Pourquoi as-tu fait ça ? Tu es seule avec deux enfants ! Et ta sécurité ? » J'ai tout entendu ! En plus, je ne voulais pas m'inscrire au chômage. Je destinais mon énergie à ce projet et à lui seul. Dernière couche à cela : un imprévu m'a obligée à dépenser les économies que j'avais rassemblées pour les premiers mois. C'était une urgence, je n'avais pas le choix. Mes amis du Monde spirituel m'apportaient une expérience supplémentaire. Apparemment, je devais laisser les choses se mettre en place.

J'ai retrouvé mes centres d'intérêt, ma santé. La transformation était énorme. Dès janvier 2011, je me suis lancée à mon propre compte. Mes rendez-vous remplissaient mon agenda à 40 %, il me restait de la marge avant d'arriver à 100 % !

Puis, dix mois plus tard, après mon congé, le film de Denise Gilliand *Médiums, d'un monde à l'autre*[1] est sorti. Ce qui a amélioré la fréquentation de mon atelier.

Durant ces mois d'« attente », je me suis réparée. Dès ce moment-là, il y a toujours eu ce qu'il fallait au bon moment. Dans des conventions sociales dites « normales », j'aurais gardé une place à 100 %, sûre ainsi d'avoir « les pieds sur terre ». Les miennes, de conventions, me disaient d'écouter ce qui était en moi. Après, chacun interprète comme il le veut. La priorité reste soi.

Selon moi, les normes nous éloignent de nous-mêmes pour tenter de nous imposer à tout prix des priorités matérielles, relationnelles ou autres. Cela donne l'impression qu'en acquérant le nouveau modèle de smartphone ou la dernière génération d'écran plat, nous serons pleinement nous-mêmes. Aujourd'hui, j'en rigole... Rien de tout cela ne bâtira nos enVies. La réponse est en nous, si nous osons l'écouter. Par crainte de manquer, par peur de réaliser des projets, nous laissons parfois partir le meilleur de nous-mêmes, ce qui nous permettait d'être. Tout simplement.

Et ce serait ça, avoir les pieds sur terre ? Répondre à des critères installés au fil du temps et qui poussent le matérialisme, qui n'est pas indispensable à notre mieux-être... Ce genre de philosophie résume certaines publicités. Il y a quelques décen-

---

1 *Médiums d'un monde à l'autre*, un film de Denise Gilliand produit par PCT cinéma télévision, ©2011.

nies, elles utilisaient même des médecins qui prétendaient que fumer était bon pour la santé. Cela nous guérissait même de l'asthme, de la grippe ou de la bronchite. En plus, cela nous donnait l'air si cool. Dans les années 1970, 1980, plus nous avions de matériel, plus nous étions heureux... aux yeux du marketing. Cela ne s'est pas calmé depuis, bien au contraire.

J'avoue que je regarde du côté de Pierre Rabhi et de sa sobriété heureuse[2]. Nous pouvons utiliser la même assiette au quotidien, l'essentiel est de manger. Nous avons la chance de la remplir, d'être en harmonie avec la terre, de la cultiver. Elle multiplie nos gains et ne demande rien en retour. Nous pouvons apprécier les richesses offertes par la nature, d'être rempli de tout ce dont notre corps a vraiment enVie.

J'adore les beaux objets, oui, et je sais aussi m'en passer. Je peux parfois céder à la tentation d'un achat. Aujourd'hui je suis consciente que ce n'est pas un besoin. C'est à nous de placer dans notre vie ce que nous croyons juste avec ou sans le matériel. À nous de voir si nous nous sentons à l'aise avec ce que nous sommes, que nous habitions dans un appartement luxueux ou un logis plus modeste.

Ce que je souhaite amener, apporter, c'est un éclaircissement pour déterminer comment nous souhaitons avoir nos pieds sur terre. Nous écouter pour nous entendre, afin que nous puissions écrire la partition de notre vie et non reproduire celle des autres compositeurs. C'est ce que cherchent la plupart des gens qui viennent en consultation chez moi. Ils recherchent la symbiose avec leur mélodie intérieure. Quand nous la décortiquons, nous remarquons ce qui a été installé de manière inconsciente, par habitude. Notre travail consiste alors à honorer, à respecter qui nous sommes tout en éliminant ce qui répond à des conventions sociales qui nous éloignent de nos enVies.

Nous nous sommes peut-être laissé envahir par une insatiable convoitise, que nous subissons inconsciemment. Cela installe une souffrance, une lourdeur, une insatisfaction qui dure parfois, avec persévérance.

---

2 *Vers la sobriété heureuse*, Pierre Rabhi, Éditions Actes Sud (2013).

Pour beaucoup, mon métier, mes cours, mes talents s'éloignent de toute idée cartésienne. Un mot que la société actuelle a détourné de son premier sens. Descartes, par le biais des mathématiques, souhaitait prouver l'existence de Dieu. Il partait du rationnel, du doute, pour arriver à l'immatériel, l'essence. Notre monde s'amuse beaucoup à détourner des mots, des appellations, qui s'éloignent de leur authenticité.

Autour de nous, beaucoup se prétendent « épicuriens ». Dans notre esprit naissent aussitôt des images de fête, de repas copieux, de verres remplis et de ventres bien tendus. Épicure, lui, conseillait de manger sainement avec qualité et en quantité correcte. Sa philosophie prônait le calcul mesuré des plaisirs pour éviter la douleur et atteindre le bonheur.

Descartes comme Épicure, ce sont des « bases de données » reprises, mélangées, et parfois dénaturées. Nous ne savons plus quel est le message exact de ces fabuleux philosophes... et pour ceux qui ne les ont pas étudiés, il est pratiquement impossible de comprendre leur philosophie dans le langage populaire.

Dans cet ouvrage, nous traiterons du respect de Soi dans son corps physique, psychique et spirituel. Le but ? Développer nos dons et/ou vivre en paix. Les pieds sur terre porteront nos pas sur notre voie.

Bien des personnes acceptent les règles qui les rendent soi-disant fortes parce qu'elles appartiennent à un ensemble. Elles les suivent pour recevoir l'amour des autres. Je propose d'oublier cela.

Avec cette façon de vivre, nous ne faisons que tenir bon, tirer, franchir nos limites humaines. Nous respecter, c'est aimer, s'éclater, pétiller. Qu'importe ce qui se dit autour de nous, l'avis des autres reste la vie des autres. Ce qu'ils pensent de nous nous remet sans cesse dans des ornières, des conventions qui tournent en rond et n'évoluent pas. Mon humanité et ma réalité reposent sur d'autres sensibilités. Des enVies que je vais partager ici.

PREMIÈRE PARTIE

Le début de l'enVie

« Sème un acte, tu récolteras une habitude, sème une habitude, tu récolteras un caractère, sème un caractère, tu récolteras une destinée. »

Le dalaï-lama

CELA COMMENCE À COURFAIVRE

Nous avons tous quelque chose à partager dans notre façon d'être unique. Mon parcours pose les pièces d'un puzzle que j'assemble pour que vous compreniez mon enVie.

J'ai eu des parents qui avaient à cœur de nous amener, mes sœurs, mon frère et moi, vers le meilleur de nous-mêmes. Leurs valeurs correspondaient à celles des années 1970: avoir un pouvoir d'achat, mener des études à terme, décrocher des diplômes, avoir les « pieds sur terre », selon les conventions de cette époque. J'y reviendrai !

Ma génération baignait en plein dans l'accumulation, dans le matérialisme. Après la naissance de mes deux sœurs aînées, sept ans se sont écoulés, et voici que nous sommes arrivés, mon frère et moi. Avec lui, je partage certaines visions et d'autres avec mes deux sœurs, qui ont vécu des expériences différentes. Elles ont été gardées par mes grands-parents paternels et ont connu mon grand-père maternel, ce qui n'est pas le cas de mon frère et moi.

J'ai passé mon enfance à Courfaivre, dans le Jura suisse. La première image qui me vient de ce village, c'est « mon » clocher. Depuis la maison que mes parents ont construite, je le vois très bien.

Mon souvenir le plus ancien remonte à mes 6 ans. Ma grande sœur me tient par la main et je remonte une rue avec une de ses copines que j'appelais « la Caramel », Carmel en réalité... Chez moi, nous mettons des « la » et des « le » devant chaque prénom. Ensuite me reviennent les images d'une boum organisée par des grands. Mes deux sœurs aînées – je le suppose – devaient normalement nous garder à la maison et nous y avaient traînés, mon frère et moi.

Je me rappelle des flashes de couleurs et de la musique, qui était *Dancing Queen*, du groupe ABBA. J'avais reçu un seul ordre de mes frangines : rester tranquille !

À Courfaivre, nous habitions tout près de l'école en passant par les champs. Certains, en pente, nous permettaient de faire de la luge lorsque la neige arrivait. Les goûters hivernaux de mon enfance avaient le parfum des écorces d'oranges que ma maman avait pelées et mises dans le feu. Le marbre autour de la cheminée était chaud parce que les bûches avaient crépité toute l'après-midi. Nous nous dépêchions de rentrer, après avoir fait de la luge depuis la mi-journée. Ce qui ouvre l'appétit à des enfants épuisés, rouges sous les efforts au lieu d'être bleus de froid.

Ma maman nous encourageait beaucoup. Elle nous encourageait à bien apprendre les maths, à écrire correctement, car elle-même possédait un style avec une excellente syntaxe. Elle se souciait de notre éducation autant quant à notre comportement social qu'à l'école. Elle savait ce qu'elle se voulait et comment elle le voulait.

Mon papa n'a jamais cessé de travailler. Il était, à l'origine, mécanicien chez Condor. Puis il a entrepris une reconversion professionnelle en se lançant dans l'analyse de programmation sur les ordinateurs. Il ne pouvait plus rentrer dîner à la maison parce qu'il travaillait trop loin et n'avait pas le temps pour des allers et retours. C'est comme informaticien qu'il est entré à la coutellerie Wenger à Delémont. Nous rigolions beaucoup en famille parce que nous avons un esprit de bons vivants. Cela m'est aussi resté !

Ma maman est issue d'une famille de six enfants. Elle a pu suivre un apprentissage de vendeuse. À 48 ans, elle a voulu changer de métier pour devenir infirmière assistante. C'était son rêve d'être engagée au sein d'un hôpital. À cette même période, j'entamais un apprentissage de coiffeuse et nous préparions ensemble nos examens. C'est durant ces moments que j'ai eu la chance d'apprendre à la connaître avec un regard plus « adulte ». Cela m'a apporté une autre vision que celle d'une enfant qui voit ses parents supérieurs à elle. Nous nous retrouvions, là, sur un pied d'égalité.

Petite, lorsque je partais à l'école, ma maman réalisait, à la maison, des pièces pour l'horlogerie sur un tour. Un second job qui arrondissait sûrement les fins de mois.

Elle et mon papa ont tout mis en œuvre pour que nous ayons un maximum d'ouverture au monde. Ils nous ont appris à skier avant même que nous recevions la moindre leçon à l'école. Tous les hivers, nous étions sur les skis aux Savagnières, près de Saint-Imier. Nous allions très souvent aux Marécottes, où des amis de notre famille possédaient un chalet.

Le dimanche matin, en été, mon père nous emmenait à la piscine et nous adorions ça. Sans doute au grand bonheur de ma maman, il se levait tôt et il nous emmenait nager.

Je me considère comme une privilégiée. J'ai été une des premières à être sur une planche à roulettes. J'avais aussi des rollers. Et ce grâce à une de mes sœurs aînées – celle qui avait neuf ans de plus que moi – qui suivait un apprentissage dans un magasin de sport à Delémont. Mon autre sœur nous emmenait à la patinoire. Avec mon frère, nous avions pratiquement le même âge et les mêmes fous rires. Nous nous soutenions beaucoup, surtout dans les bêtises.

Mes parents nous ont vraiment fait bouger avec le sport. Sinon, ils aimaient rester au calme, à la maison. Nous n'étions pas vraiment poussés dans la lecture ou l'apprentissage des langues. Ils se sont pliés en quatre pour nous offrir le maximum de ce qu'ils pensaient être juste pour nous. Nous avons utilisé les premiers jeux vidéo et tenions des parties de tennis avec ces carrés blancs qui se déplaçaient sur un écran noir. Quand j'y repense aujourd'hui, ce sont des souvenirs qui me font rire. J'ai eu un bon vélo très rapidement. Pour passer à la vitesse supérieure – un vélomoteur (à 14 ans, eh oui…) – je suis allée travailler dans une boulangerie chaque samedi matin durant un an. J'ai pu rouler sur le vélomoteur Puch Maxi turquoise que j'ai adoré et que mon frère m'a trafiqué sans me le dire… je me demandais pourquoi les policiers me suivaient !

MÉDIUM SANS LE SAVOIR

Quand j'étais gamine, mon père, très habile de ses mains, construisait des modèles réduits d'avions. C'était son hobby. Le garage avait été transformé en atelier avec établi. Plus tard, mes parents nous ont acheté une table de ping-pong. Nous faisions des après-midi de tournois avec les copines et copains du quartier.

Dans la fanfare du village, je jouais de la flûte traversière et du piccolo aux côtés de mon papa qui jouait du saxophone.

Adolescente, j'ai attendu en trépignant la diffusion tardive du clip *Thriller* de Michael Jackson, celui qui durait un quart d'heure. On y voyait des morts vivants qui dansaient.

Pendant ce temps, moi, j'avais déjà des copines et des copains défunts – que j'ignorais – dans mon quotidien. Cela ne me faisait pas peur le moins du monde car j'étais médium sans le savoir. Comme ils étaient tout le temps là, je ne peux pas affirmer exactement quand cela a commencé. Beaucoup de gens aimeraient que je marque un moment précis. Sincèrement, c'est impossible. Il n'y avait pour moi rien d'étrange là-dedans. Communiquer avec les défunts me semblait normal et je croyais qu'il en allait de même pour tout le monde.

Mes copains du Monde spirituel ne me parlaient jamais verbalement, et cela continue. Leur façon de communiquer avec moi passait déjà par des sensations. Selon moi, ma réalité devait être celle de Monsieur et Madame Tout-le-Monde. Mon monde intérieur était «ordinaire». Ma famille, les gens ne remarquaient rien parce que j'agissais normalement et qu'il n'y avait aucun «problème» apparent. Dans ma tête, pour eux, c'était comme dans la leur. Nous ne parlions pas d'une chose qui n'était pas identifiée.

Mes connexions m'ont aidée à surmonter une surdité partielle. Quand des choses ne fonctionnaient pas, j'avais des sensations intérieures qui m'avertissaient que je passais à côté de quelque chose, que je me trouvais en désaccord avec moi-même. M'apparaissaient alors les possibilités d'agir autrement. Cela m'aiguillait.

J'avais comme des coaches et je ne m'en rendais pas compte ! « Tu as pensé à ça ? » « Ah non... attends, je vais essayer ! » C'était une incitation permanente à ouvrir mon champ de vision. Je pratiquais les sorties de mon corps grâce à mon âme de façon instinctive.

Enfant, c'était plutôt sympa. Je devais aller au lit, je « sortais » de moi et j'allais regarder la télévision avec mes parents. J'étais persuadée qu'ils savaient que j'étais à côté d'eux ! Durant le tournage du documentaire *Médiums, d'un monde à l'autre*, j'ai dû fouiller dans mes souvenirs et ces détails insolites me sont revenus. Quand mes parents mangeaient un paquet de biscuits devant la télé, je ne me servais jamais. Pourtant, je suis une gourmande ! Ils entamaient un lapin de Pâques – et avec quatre enfants à la maison, je vous assure qu'il y en avait une série alignée sur le meuble du salon – et moi qui adore ça, je n'en prenais aucun morceau. Alors que j'aurais pu, il n'y avait pas d'interdit... concernant le chocolat ou les biscuits.

Plus grande, je jurais à mes parents avoir déjà vu un film et ils me répliquaient : « C'est impossible ! Tu étais trop petite, on ne t'aurait pas permis de le voir ! Arrête de nous dire des bêtises ! » J'ai vraiment dû aller à l'intérieur de moi-même pour que ces éléments de mon passé remontent à la surface.

Jusqu'à mes 12 ans, malgré ma surdité, l'aide de mes copains du Monde spirituel m'a permis de suivre un cursus normal. Même si je n'entendais qu'à 40 %, je pouvais compenser les 60 % restants et réaliser ce que l'on attendait de moi en classe. Personne ne pouvait en connaître la raison, puisque je ne la connaissais pas moi-même.

Je commençais à devenir préadolescente, un peu rebelle. Un jour, ma maman m'a dit : « C'est toujours la même chose ! Quand on te demande de venir aider pour la vaisselle, tu n'entends pas. Mais si on te parle d'un morceau de chocolat, là, tu viens ! » J'ai piqué la mouche et j'ai répondu : « Ça suffit, je n'ai RIEN entendu ! » Ma manière de répondre lui a mis la puce... à l'oreille.

PLEINE DE CLOUS, DE CUIR ET DE COLÈRE

Un docteur, qui s'appelait Yves Rohner, venait de s'installer à Delémont. C'était un spécialiste ORL et maman a pris rendez-vous chez lui. Elle s'est abstenue de me conduire chez un généraliste, elle avait décidé de m'emmener chez le médecin le plus compétent car elle avait enVie du meilleur. Pendant toute mon enfance, on m'avait diagnostiqué des otites à répétition. Comme nous avons découvert qu'il n'y avait aucune cicatrice sur mes tympans, c'était un diagnostic erroné. Il y avait quelque chose d'autre.

Le Dr Rohner m'a examinée. Il a immédiatement repéré que j'avais un liquide dans les trompes d'Eustache qui mutait et devenait de plus en plus solide. Ce fabuleux médecin avait l'air de dire qu'il ne fallait pas traîner. Après quelques tests auditifs, il a décidé de m'opérer deux semaines plus tard. J'ai eu une narcose totale, on m'a posé des drains sur les tympans, et j'avais l'interdiction de mettre la tête sous l'eau.

À d'autres ! Les vacances d'été commençaient et j'allais à vélo à la piscine de Delémont, où je restais de l'ouverture à la fermeture. J'adorais la nage, j'étais un véritable poisson dans l'eau.

J'ai plongé, cela ne me faisait pas mal, j'ai recommencé comme avant. Enfin presque. Je pensais que mes copains du Monde spirituel avaient rompu leurs liens avec moi. Dès lors, de mes 12 à 21 ans, la colère m'a éloignée d'eux et de ces expériences. J'ai passé les trois premières années suivant mon opération à courir après un rythme social qui n'était pas le mien. Je m'en demandais beaucoup, ça tirait sur une corde sensible, il fallait y aller, il fallait tout comprendre. Et je n'avais plus de coaches ! Extinction intégrale des feux en ce qui concerne ce sujet-là, puisque j'avais une expérience à prendre.

J'étais une fille pleine de colère intérieurement, de cuir et de clous extérieurement. J'ai usé les dernières chemises militaires de mon papa. En tant qu'apprentie coiffeuse, je surprenais mes employeurs avec mon look... Mais mon fond de gentillesse était toujours là. Pourtant, si j'y cédais, j'avais l'impression que j'allais me faire manger toute crue.

J'ignorais la nature du manque que je ressentais. Cela tirait fort sur ma conscience. Je compensais par la colère une absence, un vide de quelque chose que je n'arrivais pas à identifier car je ne me connaissais pas encore.

LA RECONNEXION

Me voilà vers mes 21 ans et j'ignore ce qu'est la médiumnité. Sans mes coaches spirituels, je me bats contre moi-même et une société qui me déboussole. J'explore un côté plutôt sombre de mon énergie. J'ai basculé à l'inverse de celle que j'étais jusqu'à mon opération. Je vivais ça pour trouver mon centre, mon équilibre.

Pour la même part où nous avons quelque chose de doux et de bon, nous possédons l'exact opposé. L'un et l'autre forment notre entier. Cela ne change pas nos capacités. Si nous naissons avec une grande énergie, qu'elle soit positive ou négative, elle aura une force identique.

Ce voyage m'a presque pris une décennie. Ce qui est assez rapide... et ultra-difficile. J'avais la sensation de ne pas pouvoir être moi-même, de tenir un rôle qui ne me ressemblait pas.

Depuis l'âge de 17 ans, j'avais un petit ami. Trois ans plus tard, nous avons pris un appartement ensemble. Le papa de cet ami est décédé un 23 septembre, à 44 ans. Un âge où l'on n'imagine pas que quelqu'un puisse partir. C'était quelqu'un d'adorable, qui me considérait comme un membre de sa famille.

Ce jour-là, alors qu'il émettait des râles sur le canapé, son épouse nous a appelés: «Je ne suis pas tranquille, je pense que c'est grave. Venez vite chez nous à Delémont! Je ne conduis pas et s'il faut aller à l'hôpital...» Nous avons sauté dans la voiture de mon ami et, sur le chemin, j'ai entendu ce père m'annoncer qu'il était déjà dans le Monde spirituel. C'était une connexion spontanée (je vous en parle dans la troisième partie), j'étais complètement sidérée.

Avant mes 12 ans, je n'avais pas conscience de la particularité que j'avais. Ensuite, je n'ai plus eu le temps de m'en occuper et cela s'est perdu dans l'oubli. Au moment du décès du père de mon ami, je me suis demandé ce qu'était ce phénomène incroyable ! Je n'arrivais pas à croire ce qui venait d'arriver. J'avais l'image, je sentais une énergie de paix dans ce message. Je ne percevais clairement aucune tristesse chez le père de mon ami défunt. Il allait très bien. À l'image du Monde spirituel qui est neutre, tranquille et sans inquiétude.

C'était un tiraillement à l'intérieur de moi-même. Une partie de moi m'ordonnait : « Arrête de te raconter n'importe quoi ! »

Bizarrement, étrangement, je suis arrivée à calmer mon ami qui conduisait plutôt vite. Quand nous sommes arrivés sur place, un médecin nous avait précédés et attestait du décès.

La famille pleurait ce père, ce mari, alors qu'au-dedans de moi je « parlais » avec lui. Je ne disais rien, personne ne pouvait comprendre et moi la première. J'étais si troublée que lorsque les personnes des pompes funèbres sont arrivées, je suis descendue leur ouvrir la porte du bâtiment mais je n'arrivais plus à retrouver l'étage où je devais les conduire...

Un début de conscience revenait, me laissant perdue, car j'ignorais comment utiliser cette compétence. J'étais comme engluée face à ces premières informations.

Sans que je le sache, il y avait une porte qui s'entrouvrait.

LA DAME ANGLAISE QUI PARLE AVEC LES MORTS

Dans cette période de ma vie, durant une année, trois autres décès – dont deux assez brusques – se sont enchaînés. Une amie, un proche de ma famille, et mon grand-père paternel ont quitté ce monde.

Je devais traverser ça. J'étais endeuillée, j'éprouvais de la tristesse, de la colère face à ces morts successives. Cela en est resté là. J'allais attendre encore quatre ans avant de recevoir des messages en médiumnité consciente que je pouvais provoquer.

Cette prise de conscience, je la dois à Janet Parker[1]. Je l'ai rencontrée grâce à une amie et collègue de travail qui avait entendu parler de son séjour en Suisse: « À Vétroz, en Valais, il y a une dame anglaise qui parle avec les morts. Cela se passe chez une particulière qui la connaît bien et qui la fait venir depuis plusieurs années. Je prends rendez-vous pour moi. Cela t'intéresse ? »

Évidemment que je le voulais ! Je me devais de comprendre ce qui s'était passé avec le départ du papa de mon ami. Il est d'ailleurs venu me parler à Vétroz en contact avec Janet, qui me l'a décrit avec une précision absolue.

Quand j'y pense, j'en reste scotchée. Il s'était, par exemple, coupé à un pouce. Janet a souligné ce détail. Puis elle a évoqué son odeur très particulière. Il était décolleteur, il utilisait des tours. Ses cheveux, ses habits sentaient l'huile mécanique. Janet a enchaîné sur son neveu, elle a énuméré les prénoms de la famille. C'était tout simplement incroyable.

Durant la consultation, j'ai été surprise par un autre point. Je ne parlais pas un traître mot d'anglais et je comprenais ce qu'elle me disait avant la traduction. Cela était plus qu'étrange, je me

1 Médium de contact (avec les défunts), ministre de la Spiritualists' National Union et enseignante.

demandais si je ne devenais pas un peu fofolle. J'ignorais que c'était de la médiumnité.

À la fin de la consultation, j'ai interrogé Janet. Quand serait-elle de retour dans la région ? Je voulais lui amener des personnes de ma famille. Janet m'a regardée et m'a répondu : « J'attendais une autre question de votre part. Celle où vous vous intéresseriez aux cours que je donne pour les suivre. »

Je l'ai fixée avec mon caractère de Jurassienne. Je pensais : « Ça ne va pas la tête ? Je prends votre flyer pour vous faire plaisir. J'en ferai ce que j'en ferai ! »

J'ai ignoré ce flyer durant six mois. Pourtant, une graine était semée, une enVie s'était insinuée en moi. J'ai craqué et je me suis rendue, sceptique, à un de ses cours, juste au cas où cela me parlerait. Dans ma tête, c'était clair : « Si ça me plaît, je reste. Sinon, je me lève et je pars. »

Dix minutes après le début du cours, je me sentais comme à la maison. C'était chez moi ! C'était moi ! Cela parlait de moi ! Je fonctionnais comme ça. Cela portait un nom : la médiumnité. Je m'interrogeais. Qu'est-ce que je pouvais en faire ? Comment l'utiliser au mieux ?

C'est seulement bien plus tard, avec de l'expérience, que j'ai pu comprendre que je pratiquais la médiumnité avant mes 12 ans de façon innée. Adulte, il me manquait un mode d'emploi. Dès lors, je me suis attelée à écrire le mien puisque chaque médium est unique et a le sien.

UNE MÉDIUM À L'ÉCOLE

Après le premier week-end avec Janet Parker, je savais que j'avais renoué avec une partie de moi. L'évidence s'imposait : j'étais une médium (ce que je suis toujours !). J'ignorais comment j'y arrivais, pourtant c'était ça dont j'avais enVie et il m'était impossible de passer à côté. Je ne savais rien des étapes qui m'attendaient et combien de temps elles allaient me prendre. Par où commencer? Par où finir?

Pour ne pas rester dans ces doutes, je me suis immédiatement inscrite au Collège Arthur Findlay, situé à Stansted, en Angleterre. Je participais aussi à des stages en Suisse. Le mouvement était initié. Une fois par an, je m'envolais en direction de l'Angleterre. Cela me donnait ensuite de la matière durant les onze mois qui suivaient. S'il y en avait trop, je sautais un tour pour tout bien intégrer.

La première fois que je suis partie au Royaume-Uni, cela a généré chez moi un tel stress! Je savais pourtant ce que c'était que voyager: j'avais été aux Caraïbes, en Australie. Mais jamais toute seule. En plus, je ne parlais pas la langue... Finalement, jusqu'alors, je vivais seule dans un petit univers très limité.

J'ai dû dépasser cela et apprendre que le monde était ouvert. J'étais nulle en anglais? Les gestes aidaient à se faire comprendre. Et puis, au Collège Arthur Findlay, les cours étaient traduits, il y avait des groupes francophones. J'adorais poser plein de questions. C'est dans mon caractère. Une fois ma peur vaincue, les barrières se levaient et j'étais constante dans mes capacités à apprendre. J'utilisais mon côté forte tête, dans le bon sens du terme! Je me retrouvais ainsi entourée de personnes de tous les niveaux, qui effectuaient une démarche identique à la mienne. Je baignais dans une énergie d'échanges qui était tout simplement formidable. Je pouvais être moi-même, pleinement, sans me soucier de ce qui se passait dans le reste du monde.

Par contre, au début, je n'en parlais pas beaucoup autour de moi. Cela aurait été étrange. Je ne connaissais pas les tenants et les aboutissants, il m'aurait été difficile de les expliquer. Petit à petit, j'ai mis des mots sur ces expériences. Mes proches savaient où j'allais, j'entendais un peu ricaner à droite et à gauche. Cela ne m'inquiétait pas trop et je me sentais bien dans mon évolution.

Je n'ai pas demandé à qui que ce soit la permission d'aller au Collège Arthur Findlay. Ma seule pensée était: « Si tu crois que c'est ça que tu dois faire, vas-y ! » À un moment donné, je pense que ma maman a quand même eu des réflexions. Elle a dû se demander si je n'entrais pas dans une secte et si cela n'allait pas me tourmenter. Quand le film *Médiums* a tourné dans les salles romandes, mes parents sont allés le voir à Delémont. Au moment de poser des questions, mon papa était le premier debout. « En fait, tu es restée la même... » a-t-il commenté.

Il avait compris que je n'avais jamais changé ma ligne de conduite personnelle. Mes parents avaient peut-être projeté des incertitudes, ce que je peux comprendre. En même temps, je le vivais tellement sainement que l'on ne me posait pas beaucoup de questions quand je revenais d'Angleterre. J'étais plutôt sereine. Je ne reversais aucune part de mon salaire à un gourou, mon attitude n'était pas celle d'une personne déconnectée de la réalité. Cela se faisait naturellement et se mettait en place tout seul, sans heurt. Je vivais ce que je croyais juste. J'en parlais ouvertement autour de moi, sans chercher à convaincre et imposer cela comme la seule vérité. Si quelqu'un en rigolait, ce n'était pas grave.

Ceux qui doutent m'obligent à réfléchir plus en amont, à tester, et j'adore ça ! La contradiction ouvre à de vrais échanges, elle fait ressortir des choses justes. Elle permet le dépassement de soi qui m'intéresse. C'est un outil pour être centré. Je n'éprouve pas le besoin de prouver quoi que ce soit à l'un ou à l'autre.

J'ai quitté le Jura pour m'installer en Valais, où j'ai suivi une formation de maître socioprofessionnel. J'accompagnais des personnes dans la recherche d'un nouvel emploi. À 30 ans, je recommençais des études, comme ma maman. Elle avait su me montrer le bon exemple, non? Et il n'est pas dit qu'à un moment ou un autre je n'entamerai pas de nouvelles études. Allez savoir...

NOVICE OU AVANCÉE

Lorsque mon mariage s'est terminé, durant plusieurs années, la seule et unique semaine qui était à moi, c'était celle du Collège Arthur Findlay. Au début de la semaine, les cours étaient présentés, et vous décidiez lesquels suivre. Après deux ou trois ans, j'ai compris qu'il ne me servait à rien de choisir. C'est le Monde spirituel qui s'en chargeait. Je voulais faire, par exemple, de la transe avancée auprès d'un monsieur qui s'appelait Steven Upton[2]. «Avancée», cela signifiait hors de ma portée. Comme j'étais «novice», je me suis inscrite dans un autre cours destiné aux débutants. Il y a eu un couac dans les inscriptions et je me suis retrouvée... chez Steven.

Dès lors, quand le Collège Arthur Findlay[3] me donne une page A4 où je dois sélectionner ce qui m'intéresse, je trace un trait en diagonale sur la feuille et j'écris: «Où vous voulez...» Je m'en fiche et les responsables le savent. Au début, je voulais être partout car j'avais la crainte de «rater quelque chose de capital». Cela m'a passé. Quel que soit le niveau, il y aura toujours quelque chose à (re)découvrir.

La médiumnité ne s'apprend pas dans un manuel que l'on nous donne en disant: «Lisez ça et débrouillez-vous avec!» Non, nous y trouvons des bases, des outils que seule la pratique nous permet d'intégrer, d'affiner pour installer notre façon de faire. Encore et encore! Ces expériences permettent à la médiumnité d'entrer dans notre vie. Au fur et à mesure, des techniques prennent ainsi place en nous. Plus nous démontons des fausses croyances, plus notre médiumnité s'installe.

Je l'ai compris par ma formation socioprofessionnelle. Sans structure, il m'était impossible d'avancer et d'évoluer. J'ai élargi mes connaissances, mes approches dans un grand nombre de

---

2 Médium transe-guérison, transe et médiumnité physique, ministre de la Spiritualists' National Union et enseignant.

3 Le plus grand collège du monde pour l'avancement du spiritualisme et des sciences psychiques.

domaines qui se sont progressivement enrichis. Cela a forgé ma propre façon de travailler. Nous en reparlerons plus tard...

Les premières années, lors de mes cours au Collège Arthur Findlay, je ne percevais pas certaines structures. Quand mon « team de guides spirituels » m'a mis au travail et que je discutais avec des âmes, les contacts venaient alors spontanément. En quelque sorte, je n'avais pas à apprendre la médiumnité en tant que telle car elle m'était quasiment innée. Il me manquait, par contre, cette structure qui favorisait la liberté dans les contacts et empêchait les mauvaises expériences.

Le Collège Arthur Findlay posait des cadres. J'y apprenais des choses que je ne réalisais pas chez moi, dans mon quotidien. Lors des cours, nous avions une philosophie de vie qui transparaissait dans chaque acte du quotidien. Je n'étais presque plus devant la télévision ou sur internet. Mes seuls contacts avec l'extérieur étaient les téléphones que j'avais avec mes filles et mes parents. J'étais concentrée sur les cours, et le reste ne venait pas me « chercher ». Je ne me rendais alors pas compte que cela faisait partie de ce Tout qui est important, qui construit le respect de soi-même. Que cette structure-là me permettait d'avoir une médiumnité nette.

UN DIPLÔME SUR UNE FEUILLE D'ARBRE

Recevoir un enseignement, c'est une chose. Le mettre en pratique et pouvoir en vivre en sont deux autres. J'ai dû déprogrammer les fausses croyances et les idées reçues dans mon cerveau et mes cellules. J'acceptais que ma part médiumnique devienne un travail à temps plein.

Ce que je réalisais avait de la valeur à mes yeux, c'est certain, mais pour quelqu'un d'autre? Et comment mettre un prix sur ce que je pratiquais ? J'ai pris ma place parce que je la croyais juste pour moi, sans attendre que quelqu'un valide mes compétences. Avec ma famille, le dialogue fonctionnait bien. Pourtant, une bonne partie était engagée dans le monde hospitalier. Ma maman y était impliquée comme infirmière. Une de mes sœurs et mon beau-frère travaillaient en salle d'opération. Lorsque nous parlions entre nous de la médiumnité, je ressentais le « Garde tes pieds sur terre, ma grande ! ». Cela me remettait les pendules à l'heure sociale. J'entendais ce qu'ils me disaient sans que cela ne dévalorise ma démarche.

Je pensais calmement : « Je continue à le faire parce que cela est juste pour moi. »

Avec mon frère, cela passait à la vitesse supérieure car il aime tourner les choses en dérision. « Tu n'es pas en train de te raconter une histoire, et puis une bien grande, avec ton Monde spirituel ? »

Je l'adore. C'est lui qui m'a le plus appris dans la vie par sa façon de se diriger toujours vers ce qu'il aime. Donc, quelque part, j'ai suivi son exemple. Apprendre à se donner de la valeur, c'est s'autodéterminer. Je réalisais un vrai travail et il possédait des qualités. Je n'avais pas à demander à Pierre, Paul ou Jacques ce qu'il valait. Il n'y a que moi qui pouvais le faire. J'ai mis longtemps à le comprendre. Puis, lors d'une méditation, un de mes guides est venu vers moi. Il a décroché une feuille sur un arbre et me l'a donnée : « Tiens ! Le voilà, ton diplôme ! Tu peux y aller ! Cesse de tergiverser maintenant ! » Ce qui revenait à me dire : « Arrête d'hésiter, fonce ! »

J'ai compris que je devais travailler sur la reconnaissance... J'ai dépassé certaines de mes limites émotionnelles – quoi qu'il se passe, je sais que cela sera bien pour moi – et j'ai pris confiance car seul le meilleur pouvait m'arriver.

Cela continue. Quand je suis prête pour quelque chose, le Monde spirituel m'envoie ce dont j'ai besoin. J'ai commencé à proposer de la guérison à des proches, à deux ou trois amies. Englobés dans le Tout, ces débuts se sont passés naturellement. Je ne pourrais pas dire qui a été la première personne à recevoir de l'énergie de guérison. C'est comme une goutte qui tombe dans l'eau, cela fait le premier cercle et puis il s'agrandit. Cette comparaison valait autant pour celles et ceux qui venaient vers moi que pour les guérisons que je pratiquais.

Je passais par des phases.

Durant six mois, je n'avais que des genoux, que des yeux, que des hyperactifs, que des foies, que des cœurs, etc. Comme si je devais apprendre chaque partie du corps, et que tant que je ne l'avais pas assimilé complètement, cela continuait.

Après quelques années, j'ai eu enVie de recevoir des personnes pour des consultations payantes. Je souhaitais diminuer de 80% à 50% mon temps de travail «normal». Je voulais compenser la différence par mes consultations, mes guérisons, mes dialogues avec les défunts.

Le mois après avoir mis cela en place, je me suis retrouvée seule avec mes filles. Mon patron m'a proposé aussitôt de revenir à 80%. J'ai apprécié le geste. Cependant, après trois jours de réflexion, je me suis tenue à ma première décision, celle de rester à 50%. Je savais, à ce moment-là, qu'il me fallait garder ce cap.

Dès cet instant, toutes les miettes que je glanais, je les réinjectais dans mon projet. J'avais 300 francs de plus? Je louais mon premier petit local...

Je mentirais en écrivant que cela était facile. Mais chacune de ces petites avancées était plus que motivante. Alors je me répétais: «Fonce, ma grande, fonce!»

LE RÊVE DU CHÈQUE IMMENSE

Durant presque six ans, tous les mois, au moment du paiement de mes factures, je n'étais pas très bien. J'étais tellement soucieuse que cela n'aille pas. Je reculais mes versements au

15 du mois. Je n'étais pas démunie pour gérer mes comptes. J'avais pourtant perdu l'habitude et la main, car, pendant plusieurs années, c'était le papa de mes enfants qui s'en occupait.

Sur le fond, je savais que j'aurais toujours de quoi me nourrir, me vêtir, un toit sur la tête. J'ai appris à rester plus zen. Même durant les années où j'étais seule avec mes deux filles, elles n'ont manqué de rien. C'était simple, sobre, sans trop de privations. Pourtant je continuais à nourrir mes peurs du manque. J'étais tellement mal que cela m'a obligée à prendre confiance.

Mes angoisses se sont dissipées grâce à des outils. Après une énième période d'inquiétude au moment de régler mes factures – que j'arrivais toujours à honorer –, une nuit, j'ai rêvé que je recevais un chèque immense. Il m'était impossible d'en lire le montant. J'étais dans une pièce, et à côté de moi se trouvait Sandra, une amie d'enfance. Le jour se levait, je regardais ce chèque avec une intense sensation de bien-être. Je l'ai jeté sur mon lit, près de Sandra, en ordonnant: « Viens, on va faire la fête ! »

À ce moment-là, mon réveil, celui de la vie réelle, a sonné. Toute la journée, je rigolais intérieurement. J'étais bien obligée de me marrer en repensant à ce rêve un peu fou que je venais de faire !

Puis je me suis aperçue qu'il s'agissait plutôt d'un songe. Quand je refermais les yeux, je voyais ces images, avec les sensations précises. J'ai décidé que je me devais d'apprendre quelque chose de ça : j'ai réalisé alors, chez moi, un faux chèque. Quand je méditais pour développer cette bonne énergie, j'avais déjà des connaissances autour de la pensée positive, de la loi d'attraction. Là, pour m'aider de façon tangible, je tenais le chèque dans mes mains. Quand ces éléments étaient reliés, l'énergie se développait, circulait nettement mieux avec moi.

Pas après pas, j'ai cessé d'avoir peur de l'argent ou du manque. J'ai installé l'assurance que j'allais toujours recevoir ce qu'il me fallait. Cela me changeait de ces peurs qui ne reposaient finalement sur rien. J'avais renforcé une bonne partie de ma confiance en moi. Cela a stoppé les angoisses du manque et donné des résultats concrets.

J'ai commencé à recevoir des chèques dans ma boîte aux lettres, de gens qui avaient oublié de me payer ou de l'administration fiscale qui m'avait trop pris pour les impôts et m'en remboursait une partie. Puis, il y a eu des aides familiales qui tombaient enfin. Je vous l'assure: cela fonctionne! Essayez vous aussi! Plus je l'ai testé, plus cela m'a répondu! Je n'ai pas de mots pour parler de cet émerveillement et de ce soulagement.

J'ai fini par être médium à 100%, à ne vivre que de ça depuis 2011. J'ai adoré mon métier de maître socioprofessionnel. Pourtant, mener de front deux professions finissait par devenir délicat au niveau des cadences et des horaires. Si j'avais continué ainsi, les contraintes imposées m'auraient empêchée d'être moi, pleinement. J'adorais mes collègues et je me sentais en accord avec eux. Par contre, je ne pouvais plus consacrer assez de temps à ma famille. Je n'avais pas choisi d'avoir des enfants juste pour vite courir leur faire à manger et n'être là que pour de l'intendance. Du genre: elles ont mangé, sont propres, on fait leurs devoirs, vont au lit à l'heure, sont polies, etc. Non! Je voulais prendre du temps avec elles, les voir grandir, partager des expériences avec elles, rire, faire des bêtises, chanter, skier, aller à la piscine, prier, etc. Aujourd'hui, même si elles n'ont plus vraiment besoin de moi, je suis là. Je ressens pleinement ce temps élargi qui offre des possibilités de partage et j'en suis fière.

Je suis heureuse de mon évolution financière qui contribue à mon temps de qualité, qui lui-même contribue à faire de moi cette maman que j'aime et qui finalement, m'offre de continuer mes avancées.

LES RETOMBÉES DU DOCUMENTAIRE

Suite aux projections du documentaire de Denise Gilliand, *Médiums, d'un monde à l'autre*, dans lequel j'étais la protagoniste principale, je croisais des gens qui me saluaient dans la rue. Eux m'avaient vue sur le grand écran ou lors des échanges qui suivaient la fin du film. Ils pensaient que je les connaissais aussi... Nous nous sentions proches les uns des autres. Ils s'ouvraient à moi, me glissaient certaines confidences.

Ce documentaire, je l'ai vécu comme une magnifique aventure. Il n'avait finalement pas été diffusé sur la RTS à ce moment-là, comme cela était prévu au départ. Il était sûrement inscrit, dans l'univers infini, qu'il se devait de passer en salles à ce moment-là. Cela nous a permis de l'accompagner à chaque première et de le partager avec le public.

Parfois, lorsque je sortais manger en famille, des gens me regardaient avec gentillesse. Je me levais, j'allais vers eux, je leur demandais si nous nous connaissions. Beaucoup de personnes voulaient m'inviter chez elles. Leur démarche était sincère. En revanche, je devais prendre sur mes rares soirées de libres, et je n'en avais pas beaucoup à cette époque-là. Durant le repas, j'étais assaillie de questions et je passais quasiment toute ma soirée à travailler. J'ai fini par trouver cela un peu bizarre.

Quand vous faites un documentaire tel que celui-ci, les gens vous perçoivent comme quelqu'un de gentil et sincère, ce qui devrait engendrer naturellement de toujours dire oui. J'ai dû, là aussi, me déterminer. Je souhaitais rester fidèle à moi-même en restant Céline et non pas un objet de curiosité lié à un documentaire.

À cette époque, un ami d'enfance que je n'avais plus vu depuis l'âge de 15 ans m'a dit spontanément: « Cela me fait plaisir de te voir, tu es restée la même que lorsque nous étions enfants. »

J'étais ravie de sa remarque, car elle me confirmait que j'étais redevenue celle que j'étais à la base. Après toutes ces étapes qui m'ont emmenée jusqu'à ce film documentaire, c'était bon à entendre.

DEUXIÈME PARTIE

L'enVie avec le Monde spirituel

« La folie, c'est de faire toujours la même chose et de s'attendre à un résultat différent. »

Albert Einstein

ÊTRE AU CLAIR AVEC LES MOTS TERRESTRES

Autour du Monde spirituel se crée un vocabulaire précis et unique pour chacun. Voici ma propre sensibilité autour de certains termes.

Médium de contact et de guérison, je me présente avec ces mots. Je mets toujours « médium » au début car, quoi que je fasse avec le Monde spirituel, je suis l'intermédiaire entre le monde des vivants et celui des esprits.

En Angleterre, on me disait de choisir entre les deux. Soit médium de contact avec les défunts, soit médium guérisseuse. Je m'y refusais car les deux me plaisent. Je sais que la guérison est presque innée chez moi, pourtant je continue à aimer le contact. Ce que j'en apprends, ce que je partage avec mes guides du Monde spirituel, me plaît énormément. Quelques belles années plus tard, un professeur, Bill Thomson[1], m'a avoué : « Je suis content que vous n'ayez pas choisi entre les deux ! Chez vous, l'un entraîne l'autre. » Ce que j'avais moi-même remarqué depuis longtemps...

Transe-guérison, c'est l'entrée dans un profond état de conscience modifiée. La transe, vous la réalisez en augmentant ou en diminuant les hertz de votre cerveau, soit votre rythme cérébral.

J'ai opté pour la seconde façon. Je m'assieds à côté d'une personne et pose ma main sur son dos. Si quelqu'un m'observe dans cette action, il pourrait croire que je dors. Cela ne fait pas si longtemps que je l'appelle « transe ». Avant, je disais « médiumnité sous contrôle », ce qui est le nom exact de la transe. Concrètement, je cède la maîtrise de quelques-uns de mes neurones à un guide dans le Monde spirituel. Il peut ainsi

1 Médium de contact, médium de guérison et transe-guérison, ministre de la Spiritualists' National Union et enseignant.

soulever mes mains pour laisser passer une énergie de guérison. Il n'entre pas à l'intérieur de moi. Il vient suffisamment près et je décide si je cède ou pas l'utilisation de ces quelques neurones. Si je n'en ai pas enVie, rien ne bouge. En transe, j'arrête le processus quand je le veux. Quand j'en ai assez, je dis à mon guide que nous allons nous arrêter là pour cette fois.

Dans la transe-guérison, je préfère diminuer les hertz car je suis une personne qui a dû apprendre à lâcher le contrôle. Cela me plaît. Je sais maintenant me mettre dans des états de conscience modifiée pour entrer en contact avec le Monde spirituel. Je baigne entièrement dans cette énergie, amplifiée par les guides et qui bénéficie à la personne assise à côté de moi. Elle se synchronise spontanément à cette énergie, elle s'ouvre, et participe à sa propre guérison. Aller chez un guérisseur est une première action, laisser entrer les énergies de guérison une seconde. Elles permettent de progresser et de se transformer.

En tant que médium-guérisseuse, je peux affirmer que plus vous aurez un contact de qualité avec votre âme, plus celle ou celui qui viendra vous rencontrer pourra s'auto-guérir.

Mon apport est la connexion que je fais avec le Monde spirituel. C'est un « espace-temps » ou l'énergie spirituelle favorise et facilite l'autoguérison. J'apporte donc cette énergie qui ouvre tous les possibles ainsi qu'une traduction de ce que nos guides spirituels nous disent à propos de la guérison.

Les personnes qui viennent chez moi pour de la guérison sont prêtes, elles ne délèguent pas cela à quelqu'un d'autre. Elles font le chemin pour se rendre jusqu'à mon atelier. Elles trouvent mes coordonnées seules. Aux personnes qui me demandent mon adresse cinq minutes avant la consultation – alors que cela fait plusieurs mois qu'elles ont pris rendez-vous – je m'abstiens de répondre. En deux secondes, elles peuvent trouver cela sur internet. Je sais que ça me rend sévère à leurs yeux. Pourtant, à mon avis, si elles se prennent en main pour ça, la guérison commence là.

Transparler: il s'agit d'un état de conscience modifié moins profond que la transguérison. Je l'ai appris à force de parler – ce qui n'est pas compliqué avec moi – mais en transe. C'est cet état de conscience que vous avez quelques secondes juste avant de plonger dans le sommeil. Ensuite, vous apprenez à prolonger sur vingt, trente, quarante minutes ou plus. C'est comme un état de méditation très profond où vous oubliez le temps, l'espace, où vous êtes bien. Je reste assise et j'attends que mon corps s'habitue à parler, tout en continuant à descendre les hertz de mon cerveau (rythme cérébral). Ce qui facilite la remontée en surface et réserve moins de surprises.

Claire-vision, claire-audition, clair-ressenti, claire-gustation, claire-olfaction sont des manières de recevoir les informations du Monde spirituel par nos sens. Je laisse à mes guides le soin de me donner les informations. Je me rends disponible à ce qu'ils m'apportent en pratiquant la méditation, par exemple. Ils ne me montrent rien quand ce n'est pas le moment pour moi de les utiliser. C'est plutôt: « Maintenant elle est prête – parce que je leur ai dit que je l'étais – on lui envoie les images, le son, le ressenti, le goût et les odeurs... » C'est comme cela qu'ils exécutent leur travail en partage avec moi.

Cartes, tarots ou oracles représentent une base de données matérielle. Ils ont été créés par des humains, ils traduisaient leurs liens avec le Monde spirituel selon leurs compétences ou leurs sensibilités. Ils permettent de travailler avec des symboles afin de comprendre leurs énergies et leurs messages. Ils communiquent avec des images puis des mots ce que ressent celle ou celui qui les utilise.

Chamane: ce mot n'est pas forcément apprécié chez les Amérindiens. Pour eux, un chamane travaille avec de « mauvaises » énergies. Dans mon Jura natal, le mot « sorcière » – *dgenâtche* – peut être pris dans un sens péjoratif. Même si elle décide, selon son humeur, de pratiquer le bien ou le mal. Plutôt que « sorcière », on préfère dire « celle qui soigne » ou « celle qui a le secret ». Là, c'est immanquablement quelqu'un de gentil.

Le mot « chamane » est devenu à la mode. Les Amérindiens, eux, lui préfèrent « homme ou femme médecine ». Je suis très attachée à cette culture et c'est pour cela que je souhaite vous donner cette explication. Dans notre approche, les femmes ou hommes médecines sont ceux qui travaillent avec les énergies naturelles (eau, air, feu, terre) et vivantes (animaux, plantes, pierres) pour nous soigner. Ils entrent grâce à leur âme dans l'âme de la plante. Ils la contactent, en apprennent les principes actifs, l'expérimentent, tout en intégrant son énergie. Avec le temps et l'expérience, ils savent dans quelle situation l'utiliser.

J'agis comme femme médecine selon la conception des Premières Nations. J'avais déjà des guides amérindiens – dont Chef Joseph – qui me donnaient l'enVie de connaître leurs croyances, leur façon d'agir, parce que cela me parlait intérieurement. Il m'a fallu cinq ans de travail avec ce guide pour réaliser que c'était avec lui que je partageais et apprenais. C'est un de ceux qui ont le plus parlementé avec les Blancs. Il existe un discours connu de lui où il avait dit: «Du moment où le soleil se lèvera, je serai parti dans la montagne avec ma famille.» Ce qui signifie qu'il ne désirait plus se battre. Il avait compris que les négociations ne feraient pas changer les Blancs qui volaient les terres et chassaient son peuple.

En ce qui me concerne, partout où il y a quelque chose d'important pour moi, il y a un symbole ou une représentation du soleil. C'est pour ça que j'en ai mis une dans mon atelier. Il m'a quand même fallu vingt-six ans – même si je savais que mon nom de famille Sommer veut dire «été» en allemand – pour le réaliser consciemment!

Je n'ai absolument rien en moi qui me prouverait que je suis une femme médecine. Dominique Rankin[2], chez qui je m'étais rendue dans la nation algonquine, n'indique rien à ses élèves. Dans son ethnie, ce n'est pas l'élève qui choisit un professeur, c'est le contraire. Dominique vous observe. Silencieusement. Il vous laisse prendre de l'expérience, faire tout ce dont vous avez enVie, avec respect. Si un jour il veut m'enseigner, c'est lui qui s'approchera de moi.

Cela faisait quinze ans que je voulais aller étudier chez les Amérindiens. Lorsque je me suis envolée pour le Canada, j'étais déjà tellement contente de pouvoir réaliser ce projet dans une

2 Chef héréditaire et aîné de la nation autochtone des Algonquins.

nation francophone. Une fois de plus, je suis tombée au bon endroit et au bon moment. Dès mon arrivée, on m'a emmenée voir un animal sacré. C'était un bison qui était né blanc quelques mois auparavant. J'ai compris que cet événement divin ne se réalisait que tous les 250 ans. Cette fois-ci, c'était dans la nation algonquine que cela s'était produit. La personne qui a emmené notre groupe le voir nous a prévenus: « Vous avez encore six mois pour demander au bison blanc ce dont vous avez enVie. » Les esprits du Monde spirituel leur avaient déjà communiqué qu'il terminerait sa vie dans ce laps de temps...

LES MOTS QUI CONCERNENT LE MONDE SPIRITUEL

Je vous donne mes appellations car je ne suis pas certaine qu'elles soient identiques dans le Monde spirituel.

1. L'ange gardien: celui qui vous suit de la naissance à la mort.
2. Les guides: ceux qui vous accompagnent et vous enseignent.
3. Les anges: ceux qui s'occupent de plusieurs personnes.
4. Les archanges: ceux qui prennent en charge un grand nombre de personnes à la fois et sont, selon moi, « tout près du Divin ».
5. Le Divin: le Tout en Un, l'Infini, le Monde spirituel.

L'ANGE GARDIEN

L'ange gardien, pour moi, c'est celui qui vous accompagne de la naissance à la mort. Il réalise la coordination de tous vos guides. Vous empruntez une direction, il met tout en œuvre pour que cela se concrétise. Il répartit les tâches de vos guides. Il réagit à ce que vous décidez puisque vous avez votre libre arbitre sur la terre. Selon mes expériences, la finalité a déjà été décidée. Entre-temps, vous gardez la possibilité d'agir selon vos orientations. Un apprentissage se présente à vous ? Vous n'avez pas trop envie de le faire maintenant ? D'accord, vous le repoussez en effectuant un petit détour. De toute façon, il reviendra jusqu'au moment où il sera effectué. Avant que vous ne fermiez les yeux pour repartir dans le Monde spirituel, vous aurez réalisé tout ce pour quoi votre âme est venue sur terre. Mes années de pratique, et plusieurs milliers de contacts avec les défunts, m'en ont convaincue.

LES GUIDES

Nous avons tous des guides – âmes du Monde spirituel – qui nous enseignent. Il en existe un pour chaque chose que nous faisons dans notre vie. Être une femme ou un homme, travailler, être parent, conduire, pratiquer des hobbies, faire des études, prendre soin de soi, connaître les plantes, les arts ou savoir bien faire à manger, etc. Je me souviens d'une guide qui m'accompagnait à l'époque où je me maquillais un peu plus. Quand je l'ai vue pour la première fois, j'étais très étonnée : j'avais le même eye-liner qu'elle. Surprise, j'ai constaté cette similitude de la façon la plus neutre possible. Mais elle était bel et bien là !

Dans ma pensée – sans cesse en mouvement – naît l'idée que mes guides pourraient être mes anciennes vies. J'y réfléchis et j'en parle autour de moi. Je pense que le temps et mes évolutions me permettront d'avoir une réponse plus claire.

Je comprends que toutes ces notions spirituelles, non palpables pour le moment, perturbent un peu ceux qui ont besoin de preuves scientifiques et matérielles.

Au Canada, chez les Algonquins, j'ai rencontré « la bisonne alpha », ce majestueux animal appartenant au troupeau où est né, bien après elle, le bison blanc. Dès ce moment-là, ce que je pensais être de la féminité (ou la façon d'être une femme) a totalement changé. La différence avec un guide spirituel dans cet exemple-là, c'est que l'âme de cette bisonne était bien vivante. C'est ce que j'appelle « un maître », c'est-à-dire que c'est une situation ici, entre vivants, qui m'enseigne (j'en reparlerai un peu plus loin).

L'IMAGE DES GUIDES

Parfois, j'entends les guides du Monde spirituel se dire entre eux : « Hé ! Mets tes habits, ils veulent te voir… » Cela veut dire qu'ils comprennent que nous aimons avoir une image d'eux. Pourtant ils ne sont plus que de l'énergie divine d'amour pur.

Parfois, des personnes qui viennent en méditation chez moi m'avouent : « Je n'ai pas vu mon guide… » Je souris respectueusement avec le Monde spirituel et je comprends ce besoin de se raccrocher à une image pour avancer. À mes débuts, j'attendais la même chose. Parfois, nous sommes tellement englués dans une sorte de matérialisme que nous aimerions nous accrocher à une représentation. Je vous suggère de ne pas vouloir cela. Prenez leurs enseignements tellement riches, ils sont plus importants que leur image ! Et, lorsque vous aurez tout appris de ce guide-là, il se montrera, j'en suis persuadée.

DES GUIDES TRÈS TRÈS PROCHES

Certains pensent être « incorporés » par un esprit. Ils accueilleraient à l'intérieur d'eux-mêmes un guide qui délivrerait un message en transparler, ce que l'on appelle aussi « la médiumnité sous contrôle » dans le but de parler. Selon ma croyance et mes expériences, personne n'entre en moi. D'ailleurs, je le détesterais.

J'ai observé des guides qui viennent si près du médium que celui-ci peut céder le contrôle de quelques-uns de ses neurones ou de ses fonctions (c'est la transe dont je vous parlais un peu plus tôt). Cette médiumnité sous contrôle communique par la parole, par l'énergie des guérisons, par la peinture, l'écriture, etc. Comme vous le constatez, elle prend plusieurs formes. Le Monde spirituel adore les utiliser, car c'est un moyen de prouver sa survivance.

PARLONS DU TOUT – LE MONDE SPIRITUEL

Je n'ai pas ouvert des milliers de livres pour recenser les diverses appellations ou les noms du Tout. Si je l'avais fait, je ne saurais plus comment je m'appelle ! Le Tout, c'est aussi le Divin, que l'on peut appeler infini, énergie universelle, esprit infini, bibliothèque akashique.

Le Tout prend, pour moi, la forme d'un océan plein de gouttes dont chacune est une âme. À travailler avec le Monde spirituel, je me suis fait mon idée et j'y ai mis mon propre langage. Au fur et à mesure que j'avançais dans mes quelques lectures, j'ai remarqué que mon vocabulaire rejoignait celui d'autres ouvrages.

La religion, pour expliquer cette partie divine, a dû raconter une histoire et avoir des symboles. Il fallait des représentations – qui parlent du Créateur, Dieu – ce que je comprends.

La mienne est un océan d'amour pur... Les gouttes qui le composent – les âmes – ne sont pas uniquement celles des personnes décédées – donc désincarnées. Il y a aussi les vôtres, celles des arbres, celles des animaux et de tout ce qui vit. Vous êtes une goutte divine, j'en suis une, tout le monde l'est. Ensemble, nous constituons cet océan que certains appellent Dieu. Voilà comment je visualise le Monde spirituel. Quand je travaille en médiumnité, je retourne dans ma goutte et il m'est ainsi donné de reprendre conscience de l'océan.

Vous avez votre propre essence divine. Je trouve formidable que ces gouttes soient toutes uniques. Elles ont chacune leurs aptitudes, vous avez les vôtres, j'ai les miennes. Si nous les utilisions tous ensemble, vous imaginez l'entier que nous aurions ? Si nous pouvions prendre les compétences de cette personne-là, telle qu'elle est, dépourvue de tout jugement ! Elle serait dans sa force universelle, l'âme. En nous reliant, nous serions, à nous tous, simplement parfaits.

Je pense aux personnes en situation de handicap. Elles ont leurs compétences, leur place, ici, avec nous. Elles nous apprennent des choses que nous n'aurions jamais vues sans elles. Beaucoup sont nos maîtres, comme expliqué un peu plus en avant. Si nous regardions les qualités de l'autre – et que nous arrêtions de le juger – nous aurions une terre fabuleuse. Chacun d'entre nous a un petit bout du Divin, sa goutte. Vive chacun ! Que nous marchions les pieds sur terre, en fonction de ce que nous sommes et pas selon le modèle de quelqu'un d'autre.

Les bases posées, examinons nos chemins de vie avec nos âmes. Ils passent par des expériences successives, décidées, qui comportent de bonnes et de moins bonnes surprises.

LES EXPÉRIENCES

Sur la terre, nous avons et vivons avec trois énergies distinctes. Positive, négative et neutre.

Une âme décide de naître dans un corps et un monde physique pour faire des expériences grâce à la façon dont elle vit les énergies de la terre.

Expériences qui se transformeront en compétences que l'âme reprendra au moment où elle repartira dans le Monde spirituel.

Sur terre, nous passons par des situations agréables dites positives, ou nous vivons des périodes que nous n'apprécions pas forcément, dites négatives.

Comment les gérons-nous ? Dans une expérience détestable, nous mettons en route un nouveau mode de pensée, qui nous fait repartir du côté positif. Puis, avec du recul sur la situation, nous comprenons ce qui s'est réellement passé et pourquoi nous nous sommes retrouvés dans ce moment détestable. De ce fait, nous éviterons de répéter cette situation. Cela constitue une nouvelle connaissance que nous pourrons utiliser à l'avenir.

Quelle que soit sa forme, une situation est une chance qui nous permet de progresser dans notre vie. Nous finirons par l'intégrer même si certains passages sont plus difficiles que d'autres. De telles situations nous serviront au cours de notre vie spirituelle et, je le suppose, lors de nos différentes existences.

J'imagine que nous menons une vie de richesse, une de pauvreté, une de santé puis une de maladie...

Le fait de tout vivre compose cet entier que nous pouvons comparer au Divin.

LES VOYAGES DES ÂMES

Un jour, j'ai assisté à un speed dating scientifique où huit minutes étaient accordées à des spécialistes pour présenter leur travail. Un institut de recherches montrait un ordinateur très perfectionné qui reconnaissait les visages ou les objets posés devant la caméra. Pour qu'il identifie une tasse, combien a-t-il fallu lui en montrer? Comme un bébé, il devait apprendre, partir de zéro, assimiler des notions de bases: « Voici un arbre, une feuille, des racines... » Cela représentait des milliers et des milliers de choses à assimiler. Nos âmes en font de même au moment de s'incarner.

Parlons de la séquence de vies – des centaines sans doute – que notre âme réalise sur terre. Lorsque l'une d'entre elles choisit de revenir faire une expérience sur terre, elle réunit les autres, et annonce qu'elle est prête. Il se passe entre 150 et 200 ans de notre temps avant une renaissance. J'observe que plus nous avons vécu de vies sur terre plus ce temps entre deux retours se réduit. Naturellement, les dernières se déroulent en boucle. La durée diminue car les buts évoluent.

- Au début de la séquence de nos vies sur terre, les âmes doivent beaucoup apprendre. Elles mènent des existences un peu compliquées, car elles ont peu de capacités de rebondissement. Le moindre travers se transforme en un événement pénible. Avec un peu plus d'expérience, une certaine aisance s'installe. Cela leur permet d'être à l'aise avec elles-mêmes et de partager avec d'autres humains. Puis, les âmes engendrent la vie, elles sont prêtes à s'occuper de quelqu'un et à l'accompagner.
- Dans le milieu de la séquence, c'est une courbe familiale croissante dans un premier temps et décroissante dans un second.
- Arrive ce moment où les âmes sont aux trois quarts du parcours à accomplir ici. À ce stade, notre âme contient énormément de compétences, de savoir-être, de savoir-faire et elle

est proche du Monde spirituel. Elle connaît les vertus de la vie familiale et, en même temps, elle est attirée par un grand nombre de personnes sur terre. Elle a souvent enVie de se mettre à la tête d'un groupe.

- Lorsque l'âme atteint la fin des séquences, elle ne revient plus du tout pour accompagner quelques personnes comme une famille, elle est là pour un grand nombre. Tout cela semble décidé au préalable.

Revenons au moment où l'âme se présente devant les autres. J'imagine qu'elle pose ses paramètres:

- Je veux mener une vie de femme ou d'homme parce que je dois apprendre ceci ou cela.
- Je veux vivre en Suisse ou en Afrique parce que j'ai des choses à saisir avec ce que ce pays m'oblige à faire pour pouvoir y vivre.
- L'âme choisit aussi le milieu social qui l'aidera à prendre l'expérience désirée avant sa venue soit dans un château, une maison ou un bidonville. Bref, elle détermine quel est le meilleur pour sa nouvelle expérience. J'ignore comment elle sait la chose à apprendre à ce moment-là. J'ai le sentiment d'une suite logique.
- Vous en êtes là, il faut maintenant vous apprêter à faire cela... Selon moi, il faudra tout connaître.

Il y a sans doute une alternance entre être une princesse ou quelqu'un vivant dans un taudis. Une fois, l'âme sera un médecin, une autre fois, un assassin... Personne n'a envie d'être un tueur en série mais plutôt mère Theresa ou l'abbé Pierre. Pourtant, à mon avis, nous serons tous une fois obligés d'endosser un rôle de ce genre... si ce n'est pas déjà fait!

Comment être entier sans connaître le Tout?

Je ne soutiens aucun dictateur. Pourtant, leurs actions et leurs décisions influencent la terre d'une certaine façon. Il est difficile d'accepter et comprendre qu'engendrer la tristesse, la mort, le chagrin puisse s'apparenter à une forme d'« évolution ».

Je comprendrais que vous puissiez bondir en lisant ça. Dans un autre sens, c'est la réalité telle que je l'observe depuis vingt ans. Nous avons besoin de connaître ce Tout et c'est un des buts de ce livre.

Par notre colère, notre mépris, nos certitudes de ce qui est juste ou faux, nous jugeons une action répréhensible. Nous pensons être corrects. En réalité, nous nourrissons et augmentons ces énergies que nous n'aimons pas, par la nôtre, avec ce genre de pensée. Je vous propose une petite visualisation pour vous aider à comprendre cette notion.

Imaginons une magnifique bulle propre et bleue – pour la communication – dans laquelle la terre serait parfaitement saine. Faites un focus sur vous-même dans cette vision. Observez-vous en train d'avoir une pensée négative pour quelqu'un ou pour une situation. Regardez-la sortir de vous et aller dans la bulle. Posez-vous alors cette question: qui reçoit cette énergie qui sort de vous? Je prétends que c'est vous en premier, puis toute la bulle. Amusez-vous, dans le sens contraire, à déposer de l'amour dans la bulle... Profitez-en, ceci est un médicament sans contre-indication pour vous et le Tout!!!

Pour moi, personne n'a véritablement raison ou tort, chacun est dans une partie du vrai grâce à son âme. Je ne plébiscite pas les mauvaises actions, j'accepte qu'elles existent. Ne croyez pas que c'est une fuite. J'agis avec amour. Pensez-y, c'est peut-être une autre façon d'avoir les pieds sur terre!

Cette conscience, je l'ai encore mieux comprise avec « Ho'oponopono », une technique hawaïenne ancestrale de pardon que Maria-Elisa Hurtado-Graciet et Jean Graciet[3] m'ont apprise dans un des stages qu'ils animent.

Le Tout a raison, pas une seule personne. Ce Tout – cet océan d'amour pur divin – composé de ces infinies gouttes d'âmes que nous sommes tous ensemble.

Enfin, pour revenir à notre parcours d'âme, à un moment précis, les expériences de vie sur terre sont terminées. Nous ne revenons plus ici. Il pourrait y avoir d'autres séquences. Le Monde spirituel me les dévoile petit à petit.

---

3 Auteurs, conférenciers, formateurs et thérapeutes.

LES FAMILLES – LES EXPÉRIENCES

J'ai découvert qu'il y avait différentes familles d'âmes avec des sous-groupes. Les livres qui abordent la question ne m'ont pas totalement convaincue mais donné des idées. J'attends de recevoir des informations qui ne sont pas scolaires par mes guides du Monde spirituel.

Quand notre âme décide de venir ou revenir sur terre, faire des expériences, les âmes les plus similaires nous annoncent: «Nous nous mettons à ta disposition pour être ton meilleur ennemi.» Elles ont tellement de choses en commun avec nous qu'elles sauront comment nous piquer, nous provoquer avec une force égale à la nôtre pour que nous réagissions et changions. À moins de cela, personne ne nous ferait réfléchir et changer. Elles nous énerveront et nous obligeront à voir ce que nous n'avons pas enVie de voir à notre sujet. C'est détestable, pourtant c'est comme ça que nous avancerons. J'appelle cela avoir un maître. Parfois, il y a des personnes qui nous apprennent avec gentillesse. Le point commun des deux situations est que cela nous remettra toujours profondément en question. Ni l'une ni l'autre ne sera facile.

Dans notre quotidien, nous entrons dans une salle remplie de personnes que nous ne connaissons pas. Nous repérons celle qui a l'air sympathique, avec qui nous avons enVie de papoter. Une autre, au contraire, nous agace sans même que nous la connaissions. Son énergie dégage peut-être quelque chose qui nous est désagréable. Puisque nous sommes bienveillants avec tous, il nous faut passer outre cette sensation, afin que nous puissions lui adresser la parole. Très souvent, elle devient la meilleure rencontre de la soirée.

Quand nous sortons d'une programmation, d'une situation qui se répète sans cesse, c'est nous-mêmes qui comprenons comment nous fonctionnons. Des personnes jusqu'alors inconnues peuvent nous faire comprendre ce qui doit être posé pour changer. Rien n'est imposé, cela doit venir de nous. Même si la finalité est décidée avant, nous gardons le choix de prendre le « chemin » qui nous arrange ici.

Parfois un enseignement s'effectue en plusieurs étapes. C'est quand ce serait trop déstabilisant en une fois. Cela s'accorde naturellement avec nos capacités du moment.

Il est important de retenir qu'il y a un bon temps pour chaque chose. Souvent, nous essayons d'aller trop vite et cela nous complique la vie (blessure, maladie, blocage, mauvaise digestion, troubles du sommeil, etc.).

Notre âme est comme un GPS. Lorsque le GPS nous dit « Dans 300 mètres, tournez à droite », nous ne pressons pas sur l'accélérateur. Nous continuons tranquillement notre route car nous nous trouvons dans le bon temps entre le moment où nous recevons l'information et le moment où nous l'appliquons.

SPIRITUEL – LE MEILLEUR À PROPOSER

Comme vous le savez maintenant, avant de venir sur terre, notre âme a choisi le pays où elle devait naître, le milieu social, les mentalités en relation avec les intégrations qui sont prévues. Elle reçoit les bases dont elle a besoin pour commencer l'expérience de cette nouvelle vie.

L'âme est une énergie d'amour pur qui n'est dans aucune catégorie humaine. Cela s'apparente à la physique quantique où l'on ne parle plus d'un temps, mais d'un espace, une unité. L'énergie du Monde spirituel n'a pas de passé, de présent, de futur, tout est UN. Les pôles positif et négatif ne sont plus divisibles comme c'est possible sur terre.

Visualisez une goutte qui tombe dans un verre d'eau. Une fois cette goutte dans l'eau, elle s'est complètement intégrée au Tout. Je ne peux pas ressortir cette goutte-là de ce verre, et pourtant elle existe de manière unique dans cette eau. Eh bien, c'est la même chose pour l'énergie du Monde spirituel. Elle est indivisible.

Dans notre âme d'amour pur se trouve le chemin pour lequel nous sommes venus. Il passera par une chronologie terrestre que tous les humains connaissent de façon innée. L'enfance, l'adolescence, l'âge adulte, la vieillesse. Chaque âge nous apporte ses expériences.

Affronter ce pour quoi notre âme est venue constitue notre grand défi. Je le dis haut et fort, c'est la réalité de tout le monde. Nous aurons, quoi qu'il advienne, un thème difficile à développer, à transformer à l'intérieur de nous. Un parcours de vie plat et linéaire, cela tient de la pure chimère. Nous rencontrerons des sujets pour lesquels notre âme est venue travailler grâce aux pôles positif et négatif que nous offre l'énergie de la terre. Nous passerons par des moments si lourds qu'ils nous énerveront et nous insuffleront l'enVie d'évoluer. Il existe donc six crises de vie, INCONTOURNABLES, par lesquelles tout le monde passe invariablement.

Naissance
Enfance
Adolescence
Âge adulte
Vieillesse
Mort

La nouvelle expérience à intégrer se matérialisera par une transformation de notre pensée. Le but est d'arriver à une finalité dont les objectifs avant le départ soient remplis au retour. Qu'importent les expériences qui nous y conduisent.

Je les compare à une autoroute avec plusieurs pistes. En premier, une expérience dérangeante s'invite dans notre vie et nous avons toutes les pistes possibles. Nous choisirons sûrement celle qui ne nous oblige pas à dépasser cette expérience dérangeante. En second, il y a déjà moins de pistes possibles, mais encore assez pour choisir la plus évidente, la moins compliquée. Plus nous avancerons, plus le nombre de pistes diminuera. Jusqu'au moment où il ne nous en restera plus qu'une seule. Comme lorsque nous arrivons au péage. Une fois qu'il est franchi, nous repartons sur une autoroute à plusieurs pistes, et roulons vers de nouvelles aventures.

Nous connaissons tous des événements qui reviennent cycliquement. Pourtant, nous nous donnons énormément de peine pour en sortir. Mais cela coince, cela recommence, cela ne joue pas vraiment comme on le souhaite. En fait, c'est nous-mêmes qui bloquons parce que nous empruntons à chaque fois la piste qui ne nous oblige pas à changer. Arrivera le moment où notre seule voie – inévitable – sera d'accepter notre transformation. Nous avons beau essayer d'éviter les thèmes difficiles – ceux qui nous terrorisent –, ils se répéteront. Lorsque nous les affronterons, ils nous conduiront à notre évolution vers le meilleur.

Quoi qu'il advienne, notre vie est marquée par le passage à travers au moins trois ou quatre thèmes, et les six crises de vie énumérées un peu plus haut. Les transformations peuvent être grandes ou petites, elles ont chacune leur importance à un moment donné. Elles suivent ce qui a été décidé avant de venir faire une vie sur terre.

J'ai néanmoins une superbe nouvelle pour nous tous. Les défunts qui me parlent depuis deux décennies me disent toujours la même chose: il est impossible de rater sa vie. Alors il me vient deux suggestions.

La première, arrêter de contrôler et de courir, puisque tout sera fait à notre départ.

La deuxième, accepter ce que la vie nous donne à expérimenter.

Illustration de mes propos:

En consultation je reçois des personnes qui me disent: « Il faut bien que je sorte de chez moi si je veux rencontrer l'amour ! » Et je leur réponds: « Ou alors le livreur de pizza sera génial ! » Tout peut arriver à n'importe quel moment et n'importe où. Profitons de la vie !

SANS JUGEMENT – SANS CONDITION

Nos guides ne sont pas nos chers disparus. Mais pour moi, nos proches décédés sont nos meilleurs soutiens. Ils sont au bord de la route – pour moi, avec une pancarte où il est écrit « Allez Céline !!! » – et ils nous donnent toute l'énergie nécessaire pour nos évolutions ainsi que des informations et du soutien si besoin.

Par contre, quand nous nous incarnons, nous choisissons nos expériences, et nos guides spirituels. Personnellement, je vois de vieilles peuplades. Amérindiens, Indiens, Maoris, Aborigènes, Égyptiens ou peuples du désert. Vos enseignants du Monde spirituel vous laissent carte blanche en ce qui concerne la direction que vous voulez prendre pour votre chemin terrien: à gauche, à droite, tout droit, reculer, rebondir... Ils vous accompagnent quoi qu'il se passe et *sans jugement.* Ils vous aiment *sans condition*, comme le Divin. Ils interviennent parfois de façon incroyable.

J'ai le cas de cette conductrice qui a failli avoir un accident avec sa voiture. Elle entrait sur l'autoroute lorsqu'un accident s'est produit à côté d'elle. Elle a senti sa voiture se soulever et se déporter sur la voie d'arrêt d'urgence. Soit deux pistes plus loin. Elle était indemne et abasourdie ! Elle a eu une immense peur car ses enfants étaient avec elle dans la voiture. Elle est sûre et certaine de ce qui s'est passé, sa voiture s'est soulevée ! Maintenant, peut-être qu'il est plus facile pour vous de penser que l'onde de choc créée par l'accident a poussé sa voiture. Je vous laisse libre de choisir. J'ai eu la confirmation par mes guides que sa version était la bonne.

Le Monde spirituel est capable de faire encore bien d'autres choses, comme de la dématérialisation et rematérialisation. Dans le musée rattaché au Collège Arthur Findlay, une étudiante a reçu une carte postale qui est apparue physiquement dans sa main durant un cours. Elle n'est pas plus grande qu'un timbre-poste et porte, miniaturisés, les détails d'image et d'écriture. Une merveille !

Dans la même catégorie, il y a aussi l'histoire de cette dame habitant en Valais qui avait perdu, à son grand regret, plusieurs années auparavant, l'anneau de mariage de son défunt mari. Le jour du 20e anniversaire de sa mort, cette alliance s'est retrouvée délicatement posée sur sa pile de mouchoirs en tissu dans sa table de nuit. Je précise que la dame en question vivait seule, elle avait toute sa tête, elle n'était pas âgée et s'occupait de sa maison et de ses lessives. Je vous laisse encore une fois libre de croire ou non ce récit.

Cela fait partie de la médiumnité physique. Je tiens à préciser dans ce thème que je suis informée que plein de personnes vont être en désaccord et peut-être même fâchées avec ce point. « Mais qu'est-ce qu'elle nous raconte ? Je ne suis pas dupe, ça n'existe pas ! Jusque-là je pouvais prendre ce qui était écrit, mais là, c'est trop ! »

Pour les personnes à qui ce genre de pensée est arrivé, je vous présente mes excuses d'avoir bousculé vos croyances et je vous propose deux choses.

1. Relisez ces quelques lignes mot à mot, sans laisser votre rationnel vous détourner des vrais mots écrits. Cela va constituer une expérience qui va vous démontrer comment votre rationnel peut vous tromper en vous racontant ce qu'il veut, et non ce qui est effectivement écrit (je reviendrai en détail sur le fonctionnement du rationnel plus tard).

2. Sachez que vous êtes totalement libre de croire ce que vous voulez. Pensez-y autant de fois que nécessaire au cours de votre lecture car il y aura encore des thèmes abordés qui peuvent vous faire le même effet et nécessiter des relectures.

La médiumnité physique plaît toujours en guérison lorsque des personnes ont besoin de transformations physiques. Elle est par contre irrecevable lorsque je vous raconte qu'une voiture s'est soulevée.

Pourtant, ce sont deux actions spirituelles identiques. La médiumnité aide et soutient les humains dans ce qu'ils sont en train de vivre, afin qu'ils évoluent.

Pour la maman et ses enfants en voiture, ce n'était fort heureusement pas l'heure de partir. Quelle bénédiction qu'ils n'aient pas été pris dans cet accident.

Quant à cette jeune étudiante en médiumnité, elle avait sûrement des choses à réaliser de ses compétences en partage avec le Monde spirituel.

Pour cette dame veuve qui vivait seule depuis bien longtemps, quelle joie de savoir que son époux la soutenait toujours.

LES ÂMES ASEXUÉES

Une âme est asexuée. Elle peut décider de vivre une vie de femme dans un corps de femme qui aime les femmes et/ou les hommes. Elle peut aussi décider de vivre une vie de femme dans un corps d'homme qui aime les femmes et/ou les hommes. La dernière option est appelée « double esprit ». Bien évidemment, le même schéma existe pour les messieurs.

Rien de plus normal dans le parcours d'une âme. Le reste n'est que des clichés stupides et méchants proposés par des archétypes qui génèrent bien des souffrances pour rien.

Si nous pouvions tout simplement respecter la compétence de la personne, ce pour quoi elle est venue sur terre, nous ferions alors preuve de plus d'ouverture et de tolérance. La pluralité est la chose la plus merveilleuse qui existe sur terre. Évitons de nous catégoriser pour des représentations sociales obsolètes.

On pourrait finir avec ce conte amérindien fort connu.

Un vieil Indien explique à son petit-fils que nous avons en nous deux loups qui se livrent bataille. Le premier loup représente la sérénité, l'amour et la gentillesse. Le second loup incarne la peur, l'avidité et la haine. « Lequel des deux loups gagne ? » demande l'enfant. « Celui que tu nourris », répond le grand-père.

LA SENSATION ET L'IMAGE D'UNE ÂME

La neuroscientifique Jill Bolte Taylor a connu un accident vasculaire cérébral (AVC). Elle a réalisé ce qui se passait en elle alors qu'elle s'exerçait sur son home-trainer. Plutôt que de paniquer, elle s'en est presque amusée. Avec son esprit analytique, elle s'est exclamée: « Génial, je vis un AVC de l'intérieur ! Je l'expérimente ! » Elle pensait, une fois « l'expérience » achevée, pouvoir reprendre son travail le lendemain. Ce qu'elle a fait... sept ans plus tard !

Alors que son cerveau analytique fonctionnait encore partiellement, elle s'est sentie retourner vers le Monde spirituel. Elle raconte dans sa conférence la fin des émotions, la fin du rationnel, elle dit qu'elle baignait dans l'amour pur. Elle a appelé ça affectueusement son « la la land ».

Quand elle s'est réveillée, elle a eu un choc d'être encore en vie. Elle explique qu'elle naviguait entre deux réalités totalement opposées. La lumière brûlait son cerveau, les sons étaient bruyants et chaotiques. Elle voulait s'enfuir parce qu'elle ne pouvait plus sentir la position de son corps dans l'espace. D'un autre côté, elle se sentait énorme, étendue. Comme un génie sorti de sa bouteille, son esprit planait librement. Elle évoluait librement dans une mer d'euphorie silencieuse.

Jill Bolte Taylor[4] pensait: « C'est impossible que mon être démesuré puisse retourner dans ce petit corps ! » Elle a compris qu'elle était encore en vie tout en ayant trouvé le nirvana, la la land. Pendant sept ans de travail sur elle-même, visant à récupérer toutes ses capacités humaines, elle a imaginé un monde rempli de belles personnes, paisibles, compatissantes et aimantes. Des gens qui savent qu'à n'importe quel moment, ils peuvent choisir délibérément d'utiliser leur cerveau droit ou gauche, à loisir, et trouver ainsi la paix.

Jill Bolte Taylor est la personne qui explique le mieux la sensation et l'image que j'ai lorsque je suis en partage avec mon âme.

L'ÂME QUI FAISAIT DU GRABUGE À BERNE

Souvent les gens pensent que les âmes errent dans certains endroits « maudits ». Qu'elles y sont « coincées » par une malédiction, un sort, un événement violent ou que sais-je encore. En fait, il n'en est rien d'après moi ! Cela participe à une expérience spirituelle...

Lorsque je « nettoie » énergétiquement un lieu, je le vois. Quand je suis invitée à réaliser cette démarche, dans plus de 90 % des cas, il n'y a pas d'âme du tout ! Ce qui dérange les gens dans leur maison, c'est ce qu'ils en ont fait... Le pourcen-

4 La conférence TED de Jill Bolte Taylor peut être visionnée sur www.ted.com. Cette scientifique spécialisée en neuroanatomie raconte également son expérience dans un livre traduit en français sous le titre *Voyage au-delà de mon cerveau* (J.-C. Lattès éditeur, 2008).

tage restant engage des âmes qui peaufinent des expériences réalisées sur la terre en accord avec le Divin. Elles y restent parce qu'elles aiment ce lieu et voudraient transmettre quelque chose à quelqu'un qui habite là. Elles montrent sympathiquement qu'elles sont encore présentes. Elles soutiennent, aiment, chérissent, souhaiteraient parler... Parfois, il est vrai que cela peut être fort.

J'ai connu une âme, à Berne, qui faisait un sacré grabuge (ou un grabuge sacré, allez savoir!). Son énergie était si puissante qu'elle déclenchait des bagarres dans une rue spécifique les samedis soir. J'ai été appelée par un restaurateur de ma connaissance. Je pensais au départ qu'il y avait juste une énergie un peu nerveuse.

Je l'ai vite perçue, cette âme. Je l'ai qualifiée de masculine, elle avait l'air très très sûre d'elle. Au départ, elle m'a donné des informations que je n'étais pas capable de comprendre. Je me suis immergée dans l'histoire de la ville pour recevoir mes premières réponses.

À une époque, il y avait le haut et le bas Berne. Cette rue séparait ces deux parties. D'après le style d'habillement de mon interlocuteur et l'outil qu'il tenait à la main – un râteau – j'ai pu estimer qu'il avait vécu vers la fin du XVIIIe siècle. Lui, il était plutôt pauvre, il défendait son lopin de terre dans le bas Berne. Il ne doutait pas de la justesse de son énergie. Lorsque j'ai pu échanger et communiquer avec lui, je l'ai assuré que nous n'étions pas là pour l'embêter, ni le chasser.

Il y venait avec des énergies fortes qui me laissaient comprendre qu'il s'était bagarré et qu'il était peut-être même le chef d'une équipe de rebelles. Je pense que c'est ce qui a causé sa perte d'ailleurs. Il était gêné que je puisse le voir. Il me bousculait en projetant des énergies que je pouvais sentir physiquement. Immédiatement, mon rationnel me provoquait des schémas de peurs. Cela ne m'était jamais arrivé. J'ai mis quarante minutes à calmer mon esprit, même si je savais que cet homme ne pouvait pas me faire de mal: il utilisait seulement une forte énergie pour m'impressionner. Il restait dans cette rue pour une raison que j'allais découvrir petit à petit. Je devais m'adapter à cette situation en fonction de ce que je savais du Monde spirituel.

Lorsque j'ai su ce qui se passait, j'ai pu lui dire qu'il me montrait encore son époque, que les raisons de sa lutte n'existaient plus. Je lui ai présenté la situation actuelle. Les gens qui passaient par cette rue s'attardaient à une terrasse, avaient enVie d'être tranquilles. S'ils restaient dans ce lieu, c'était pour se faire plaisir. Lui comme moi, nous avons échangé sur ce que nous pensions juste.

Il avait enVie que sa rue reste la propriété du bas Berne. Il n'avait pas compris que son énergie était si intense qu'elle poussait certaines personnes à se quereller. Certains se tapaient dessus et d'autres cassaient des vitrines ou des toilettes. Il y avait aussi des personnes qui ne ressentaient rien de particulier. Il existe autant d'humains que de façons différentes de percevoir l'énergie.

Moi, passé mon moment de peur, je me suis aperçue qu'il était très gentil, mon monsieur du XVIIIe siècle. J'en ai profité pour l'interroger: «Mais pourquoi vous êtes ici et pas dans le Monde spirituel?» «Mais j'y suis... complètement dans le Monde spirituel... J'affine juste quelque chose... Actuellement, je ne peux pas dire quoi...» Cet homme-là était accompagné d'autres personnes qui se tenaient derrière lui, ce qui expliquait cette somme d'énergies assez conséquentes. Je pouvais dialoguer avec tous.

Mes échanges avec mon monsieur ont demandé du temps. Cela m'a pris quatre mois lors desquels tous les trois jours, j'entrais en contact avec lui. Cette démarche répétée m'a permis d'évoluer, de ne pas rester dans de fausses croyances.

Chaque fois, je répétais à mon rebelle ce qu'était notre époque. Lui me parlait de la sienne. Je découvrais, au fur et à mesure, toujours un petit bout de plus. Nous nous sommes mutuellement appris plein de choses – même s'il en sait beaucoup plus que moi – et en quelque sorte nous nous sommes fait mutuellement grandir. Lui, il aimait ce lieu, il y était attaché. Il y passe toujours, il observe les avancées du coin, je l'appelle «mon ami». Il a changé son énergie. La rue est devenue très paisible. Un établissement qui travaille avec des produits bio se trouve en ce lieu magnifique. Il s'y est même ouvert en face un restaurant végétarien. On peut dire que le respect a repris sa place en ces lieux.

La ville de Berne, de par son passé, garde beaucoup d'empreintes magnétiques – énergie de la terre – laissées par ces temps forts de bagarres. C'est aussi grâce à cela que l'énergie de cette ville a cherché à se transformer positivement. Berne n'est pas notre capitale pour rien, elle dégage beaucoup de belles énergies terrestres évoluées.

Quant aux âmes, elles sont partout autour de nous... simplement sur une autre fréquence. Elles bougent, elles parlent entre elles et se comportent comme vous et moi... Elles évoluent tout simplement et parfois cela se passe en partage avec nous !

UNE ÂME HEUREUSE

Je me souviens d'un chalet où se trouvait l'âme d'un homme bienveillant. Enfant, orphelin, il avait été adopté par la famille où il grandissait comme s'il avait été l'un des siens. Il avait été intégré avec bonheur et il se montrait reconnaissant envers celles et ceux qui l'avaient éduqué. Il avait sa propre chambre et il y restait comme par souvenir du bonheur qu'il y avait vécu.

SA chambre posait problème à celles et ceux qui l'utilisaient pour un week-end en famille ou la destinaient à des invités. Plus personne ne voulait y dormir. Rien n'y était mis en dépôt alors que dans cette aile du chalet, les autres pièces servaient à des rangements.

Lorsque j'ai franchi le seuil de SA chambre, il m'a sommée de rester à l'extérieur. Je n'avais pas le droit d'y poser le gros orteil. Après une demi-heure, face à ma détermination, ma compréhension et mes explications, il a compris que je n'allais pas lui demander de partir. Il m'a alors raconté sa fabuleuse histoire de vie. Je lui ai suggéré de mieux gérer son énergie afin que tous s'entendent et vivent en harmonie dans ce chalet. Ce qu'il a accepté. La qualité de vie de chacun(e) s'en est améliorée.

Vous réalisez que je ne demande jamais à une âme de partir, parce que cela ne sert à rien. D'ailleurs elle n'a pas à partir, nous sommes un tout avec eux. Apprendre de ce partage et s'accorder afin de vivre tous en harmonie me semble plus adapté. La seule action réelle qui fait partir une âme, c'est de lui demander de s'en aller, en le lui ordonnant poliment et clairement. Dans ce cas-là, constituez des phrases au présent, affirmatives et sans négations. Au présent car il n'y a pas de temps dans le Monde spirituel. Sous forme affirmative car vous êtes la seule personne qui puisse décider pour vous. Sans négation car l'énergie spirituelle est neutre (nous y reviendrons en détail dans la troisième partie).

Si vous ressentez que l'énergie de cette âme s'en est allée, alors c'était effectivement le Monde spirituel. L'âme en question ne va plus vous déranger, le temps de rééquilibrer ses énergies selon vos affirmations. Elle continuera d'évoluer où elle veut une fois ce rééquilibrage acquis.

Maintenant, si vous ne sentez pas l'énergie partir, cela peut être deux choses. La première, et la plus difficile à accepter, c'est que votre tête, soit votre rationnel (nous en reparlerons plus loin), est en train de vous jouer un tour. Il est possible que vous viviez une période difficile et que ce soit plus simple de poser cela sur l'invisible que d'accepter de se transformer. La deuxième, c'est que vous n'êtes peut-être pas aligné(e) à ce que vous avez énoncé. Pour qu'une affirmation fonctionne, il faut réaliser que trois énergies sortent de vous. La parole, la pensée et l'action. Si, pour la même affirmation, vous verbalisez d'une façon, vous pensez autrement et vous agissez encore différemment, cette affirmation n'aboutira pas.

Imaginons que vous êtes dans un sous-sol de grande surface et qu'à l'étage supérieur il y a un fou qui tire sur tout le monde. Le Monde spirituel ne va pas vous dire: « Ne va pas en haut, il y a un fou qui tire sur tout le monde ! » Par contre il vous dira: « Il y a un fou qui tire sur tout le monde en haut ! » Cela revient à dire, décide ce que tu veux faire.

L'ÂME DE LA MAMAN

J'ai été appelée pour visiter la maison d'une maman, décédée une année plus tôt, et lui demander si elle en acceptait la mise en vente. Ces lieux n'étaient plus habités mais la famille les avait extrêmement bien entretenus. Elle y faisait le ménage, enlevait la poussière, cirait les parquets et soignait les extérieurs que la maman affectionnait particulièrement. La personne qui m'avait demandé ce travail – une de ses filles – n'avait pas pu venir avec moi. Elle m'avait donné les clés avec cette consigne: « Tu me ramènes les clés à la fin. »

Dès que je suis entrée, je suis allée de surprise en surprise. Sur la table de la cuisine, il y avait même un billet de commissions. Tout était resté intact, respectueux, comme si la maman venait de quitter les lieux. Je trouvais ces petites marques d'attention assez incroyables.

En faisant le tour de la maison, j'ai ressenti une douce énergie. Je me suis connectée avec cette dame qui aimait ses proches, qui était des plus chaleureuses. Elle était vive et haute en couleur, elle était contente de ce qu'avait été son existence.

Au moment où j'ai souhaité partir, j'ai essayé de mettre la clé dans la serrure. Elle m'est tombée des mains. Je l'ai ramassée, elle m'est retombée des mains. J'ai rouspété en mon for intérieur: « Qu'est-ce qui se passe ? »

La dame me retenait.

« Venez, je vais vous raconter... » Du sous-sol au sous-toit, elle m'a montré le moindre coin et recoin. Elle m'expliquait ce qu'elle y avait fait avec ses enfants, son mari. J'enregistrais ce qu'elle m'indiquait, puis j'ai réalisé un CD que j'ai donné par la suite à sa fille. Soudainement, une musique s'est mise à résonner fortement dans cette belle maison, au salon. J'ai d'abord repéré un haut-parleur, puis je me suis approchée d'une armoire où il y avait un lecteur CD sur « Play ». La dame voulait partager avec moi une de ses chansons préférées. Je suis une seconde fois sortie, la clé n'entrait toujours pas dans la serrure. « Attendez, me dit-elle, vous devez encore voir ça. » La maman m'a conduite vers une grosse horloge à l'intérieur de laquelle il y avait une phrase gravée en anglais : « Le bonheur est pour tous ! Dites-le à tout le monde. » La dame me répétait, en boucle, de passer ce message aux gens qui la connaissaient. « Je vais le faire ! » ai-je promis. Et il connaîtra une diffusion encore plus large maintenant que je vous le raconte ici.

J'ai montré cette phrase cachée à sa fille qui ne l'avait jamais remarquée. Lorsque j'ai pu enfin sortir de la maison, je me sentais remplie de bonté, de chaleur, d'amour et enrichie par les confidences de cette dame. Elle me montrait aussi qu'elle était prête, que sa famille pouvait vendre la maison, qu'elle ne disparaîtrait jamais de leurs souvenirs. Le matériel, ils pouvaient s'en débarrasser.

Dans ma voiture, en roulant vers Martigny, au moment où j'ai levé la tête, sur la montagne, j'ai vu une cascade d'eau sur laquelle la lumière dessinait un cœur. Je l'ai prise en photo.

Très souvent, les âmes décédées disent à propos de leurs biens en consultation : « Ce matériel a fait ma vie, s'il te fait plaisir et que c'est léger pour toi, garde-le. S'il te complique la vie et la rend lourde, vends-le ou donne-le. »

LES MAUVAISES ÂMES N'EXISTENT PAS

Posons les éléments à plat. Il y aurait, selon la pensée de certains, des âmes qui pourraient s'accrocher à notre aura ou à notre énergie. Elles nous rendraient malades et nous attireraient plein de malheurs. De fausses croyances prétendent encore qu'une âme peut entrer en nous et nous manipuler. Certains attribuent cela au bas astral (entités ayant de basses vibrations), aux âmes errantes (entités qui ne seraient pas dans la lumière) ou encore à la capacité d'incorporation.

Je suis vraiment désolée, mais pour moi cela n'existe pas dans cette forme-là. Je sais déjà que je vais faire plein de mécontents pour oser affirmer cela. Et alors, dois-je me taire et cautionner ce que j'estime inexact ? Mes deux décennies de pratique me permettent d'expliquer cela d'une autre manière.

Revenons à ce que je vois et crois juste. Notre âme reste reliée au Monde spirituel pendant notre vie. Le jour et l'heure où il est prévu que nous serons à nouveau dans le Monde spirituel, nous aurons accompli tout ce pour quoi nous sommes venus. Nous fermerons nos yeux physiques sur la terre – puisque le corps n'aura plus de vie – et nous ouvrirons nos yeux spirituels au sein de l'univers infini, soit cet océan d'amour pur, que j'appelle aussi le Divin, mais que d'autres nomment énergie universelle, bibliothèque akashique.

Nous serons à nouveau immédiatement et complètement à la maison, chez nous. Nous n'avons plus de corps physique et psychique. Ainsi, pour moi et selon ce que je crois juste, cela démontre qu'il n'existe pas d'entre-deux-mondes puisque notre âme ne s'en va jamais de son origine.

Dès notre décès, nous passons par ce que j'appelle avec humour un « sas de décontamination humaine ». J'ai l'impression que nous avons besoin d'un moment pour recevoir la régénération de notre âme. Cela permet de renouer complètement avec notre énergie spirituelle, et d'enlever ce dont nous n'avons plus besoin d'« humain », si je peux le dire ainsi. Je vous parle là de ce que j'expérimente, il ne s'agit pas de connaissances scientifiques.

Certaines religions évoquent quarante jours pour être complètement dans le Monde spirituel à la fin de notre vie. À l'inverse, pour que l'âme arrive sur la terre, cela demanderait aussi quarante jours. Tour à tour, il faut embrasser ou annuler cette condition humaine. Il s'agit juste d'un pas, sage ou passage, rien de plus.

Parlons de cette mauvaise âme, « accrochée » à nous, qui prendrait notre énergie et qui nous contrôlerait. Imaginez cela ! Ce serait donc quelque chose d'extérieur qui, indépendamment de notre volonté, agirait sur nous. Cela reviendrait à dire que nous ne sommes plus maîtres de notre énergie ! Eh bien, cela n'existe pas avec le Monde spirituel, mais cela existe bel et bien avec le vivant.

Le Monde spirituel ressemble à nos collègues de travail. Si nous leur disons : « Je veux autre chose pour moi ! », ils corrigent leur façon de faire, ils se comportent différemment, ils émettent d'autres propositions, comme déjà expliqué un peu plus en avant.

C'est ce que fait le Monde spirituel, qui n'a pas le droit d'entrer dans notre vie pour des choses que nous n'aimerions pas pour nous. Je ne l'ai jamais vu transgresser cela. L'humain et ses schémas rationnels transgressent cela.

Seul notre libre arbitre décide ce que nous désirons. Nous devons juste le formuler en respect avec nous-mêmes. Si nous ne l'exprimons pas clairement, le Monde spirituel ne saura pas à quoi s'en tenir et il continuera à nous stimuler, à nous montrer ce dont nous sommes capables par des propositions.

Parfois, il nous faut poser des limites : « Stop ! Là, c'est trop ! Trouvez un autre moyen pour travailler avec moi afin que cela me corresponde et que je puisse rester stable dans ma vie ! »

Quand nous sentons une âme proche de nous, cela signifie deux choses. La première, logique, que nous avons la capacité de ressentir des énergies du Monde spirituel. Simplement, restons sur cette pensée logique plutôt que d'imaginer une entité mauvaise qui nous prend de l'énergie !

La seconde, c'est peut-être que nous avons besoin d'un coup de main à ce moment-là ou de soutien. Le Monde spirituel se met à nos côtés, il nous seconde et nous aide dans nos expériences.

Je suis stupéfaite par le nombre de personnes qui racontent qu'une âme les « squatte ». Elles se demandent ensuite ce qu'elles doivent faire. « Si elle ne part pas, elle continuera à me prendre toute mon énergie ! Et je ne peux rien y faire et décider pour ma vie tant qu'elle ne s'en va pas ! »

Non, ce sont simplement des âmes qui viennent vers nous pour que nous vivions ces fameuses expériences. Vous savez quoi ? Il se pourrait bien qu'elles soient vraiment très sympas, et même les plus adaptées à ce que nous vivons à ce moment-là. Il est plus simple de poser sur l'invisible ses problèmes quand c'est difficile d'accepter les transformations que nous devons faire.

Les lieux « hantés » se situent souvent dans des zones très précises, énergétiquement parlant. Il s'agit de portes ouvertes pour les âmes du Monde spirituel. Elles peuvent les utiliser comme si elles se glissaient dans un espace vide. Et elles se montrent ainsi comme des spectres. Sur des documents photographiques ou des films, il y a des « fantômes » que l'on distingue clairement, il s'agit comme d'un « gant » énergétique vide, qu'ils peuvent utiliser pour se faire voir.

À quoi cela rime-t-il ? Le Monde spirituel adore prouver son existence. Les âmes raffolent des transcommunications instrumentales, par images, par sons, bref, tous les supports – souvent électriques – qui peuvent recevoir des informations. Il existe une catégorie d'âmes prévues pour cela. Montrer pour nous rassurer : « Il ne sert à rien d'avoir peur, il existe quelque chose après ! » ou « Je suis avec toi ! ». Quand vous perdez quelqu'un, au début, vous le ressentez encore près de vous. C'est presque physique, c'est grâce au champ électromagnétique que l'on appelle ici sur terre « aura ». Au début de notre fin terrestre, ce champ électromagnétique existe encore, mais il est vide. Tant qu'elle peut, l'âme entre dedans pour vous faire percevoir sa présence, puis ce champ s'évanouit gentiment au fil des jours qui passent. C'est normal. Le corps ne l'alimente plus de l'électricité qui l'anime le temps de notre vie.

Je terminerai ce paragraphe avec une petite histoire qui résume d'une certaine façon ce que je viens d'écrire. Dieu et un homme marchent sur une plage. L'homme dit à Dieu : « Tu n'es pas sympa ! À chaque fois que j'avais besoin de Toi, Tu n'étais même pas là. Regarde derrière, toutes les fois où il n'y avait qu'une seule trace de pas ! » Dieu se retourne, observe et répond : « Ah oui ! C'étaient les fois où je te portais... » (Source inconnue).

POSSESSION OU EXPÉRIENCE DIFFICILE ?

Quand nous naissons, en fonction du nombre de vies que nous avons vécues, il y a en nous des connaissances plus ou moins grandes. Imaginons que nous ayons une très grande énergie parce que nous avons beaucoup de vies effectuées sur terre. Quand nous travaillons avec le pôle positif, l'énergie que nous vivons est facile, fluide, rigolote, tout roule. Quand nous vivons un moment avec le pôle négatif, c'est dur, lourd, fatigant et nous avons l'impression que rien ne va. En fait, la taille de cette énergie – bonne ou mauvaise – reste identique. Nous vivons inconsciemment la grandeur d'énergie, qui correspond à nos expériences déjà acquises dans d'autres vies. Cette grandeur d'énergie est celle dont nous avons besoin pour notre vie actuelle.

Pour celles et ceux qui pensent être « possédés », il semble difficile ou impossible d'accepter qu'elles ou ils puissent être la cause de ces phénomènes. Ce sont toujours des personnes extrêmement croyantes qui, pour la même grandeur de foi en un Divin, pensent que les démons existent. Je précise que je parle de personnes dépourvues de maladie psychiques. Elles attribuent aux entités invisibles négatives leur perte, alors qu'elles vivent inconsciemment leur côté négatif. Ces personnes peuvent dégager une énergie telle que cela dépasse tout entendement et provoque des réactions physiques inexplicables. Elles cassent des fenêtres, bougent des meubles, décrochent des tableaux par leur seule force énergétique et inconsciente. Elles sont dans un état d'inconscience – peut-être dû à une dissonance cognitive –, elles parlent même parfois dans une langue étrangère.

Pourquoi ces phénomènes ? Parce que toutes les connaissances de la terre existent dans nos âmes, ainsi que toutes les mémoires de l'humanité dans nos cellules physiques.

Dans ces expériences-là, on dirait que l'on oublie les paramètres que je viens de décrire, parce que nous ne pouvons imaginer que l'inconscient de quelqu'un puisse générer de tels effets. On oublie que cette personne ne le fait pas exprès ! Que c'est inconscient ! Que c'est seulement à la grandeur de la force de la personne que réagit son pôle négatif afin de faire une expérience.

Je sais qu'ici je bouscule une fois de plus des croyances et que cela peut créer une pensée de rejet total. Devrais-je annuler ce sujet, et ce que j'en ai déjà expérimenté pour me faire aimer du public ? Ou plutôt donner un point de vue acquis après vingt années de médiumnité ?

Beaucoup de personnes pensent avoir vécu un exorcisme qui les a ramenées dans leur meilleure énergie. Je suis d'accord que le travail effectué a rééquilibré leur énergie immédiatement et que c'était plus que nécessaire.

Ce que j'apprécie dans ce contexte, c'est la qualité du travail et de l'amour du représentant divin. Parfois, un simple mot ou une prière dite au bon moment peut resynchroniser la personne à son énergie positive. Sortir cette négation dans un climat d'amour divin était ce dont la personne avait besoin, tout est parfait pour que son cerveau, soit son rationnel, puisse prendre cette guérison.

Par contre, je ne suis pas en accord pour dire que c'était une possession. Finalement, me direz-vous, qu'est-ce que ça peut faire ? L'essentiel, c'est que la personne en souffrance ait reçu ce dont elle avait besoin. Néanmoins, je souhaite mettre à plat le mécanisme de cela, parce que c'est un thème qui fait peur et fait souffrir beaucoup de personnes. De plus, les personnes qui n'ont pas conscience de cela et qui veulent pratiquer la médiumnité peuvent passer par des moments très pénibles. Avant de pratiquer la médiumnité, ayons conscience de ce que nous pouvons mettre dans notre vie sans compréhension.

Nous pouvons développer une médiumnité lumineuse ou sombre pour des sujets comme celui-ci. Il peut être difficile de garder un cap clair et net, puisque nous travaillons avec l'invisible. Nous reviendrons à la structure qui permet de travailler avec le Monde spirituel dans la troisième partie.

Je crois sincèrement que tous les humains naissent bons. Tout le monde veut vivre en harmonie dans et avec de bonnes actions. Ce fait constitue souvent une croyance que pour être une bonne personne, il ne devrait exister que le positif dans notre vie. Je tiens à rappeler que le pôle positif n'est que la moitié de l'énergie universelle ou divine. Si nous souhaitons nous rapprocher le plus possible de cette belle énergie divine, les deux pôles avec lesquels nous travaillons doivent coexister dans notre vie.

LES ÂMES COMME MEILLEURS AMIS

Les âmes, lors d'une séance de médiumnité ou dans la vie de tous les jours, viennent toujours au bon moment. Le Monde spirituel agit comme notre meilleur ami. Il est presque inutile de l'appeler: quand nous avons besoin de lui, il est là. C'est quelque chose d'inné parce que dans le Tout se trouve notre âme, celles de tout ce qui vit et celles des défunts.

Les âmes nous accompagnent lors de toutes nos expériences faciles ou difficiles. Elles nous suggèrent/proposent les attitudes qui sembleraient les plus adaptées à la situation de ce moment-là.

Il vaut la peine de se laisser du temps pour examiner chaque chose que la vie nous apporte au quotidien. Installer la bonne vitesse dans notre vie est le plus important. Cela permet d'avoir l'espace nécessaire à tout instant pour recevoir les messages spirituels ou de la terre. Si nous rejetons ces impulsions elles reviendront jusqu'à ce que nous puissions les comprendre et en faire quelque chose pour nous-mêmes.

TOUT EST PARFAIT

Pour commencer, je rappelle que nous passerons tous par nos six expériences innées expliquées un peu plus haut. Comme il est impossible de s'y soustraire, pourquoi les refuser?

Pourquoi continuer de courir et croire que nous pourrons tout tenir à bout de bras, juste pour ne pas se confronter à ces crises? C'est souvent cela qui nous fait aller trop vite dans la vie. Nous empêchant ainsi de prendre toutes les informations qui viennent à nous pour nous faire évoluer.

Les personnes qui se montrent tout le temps en pleine maîtrise de tout ne devraient pas nous impressionner, car c'est un leurre. À un moment ou un autre, elles finiront par traverser un de ces passages obligatoires.

Je vois cet instant précis où il y a un trop-plein dans une crise comme une grâce, un cadeau divin. C'est le moment de l'acceptation, du changement. Nous rencontrons des personnes et situations qui correspondent à notre évolution. Nous laissons à nouveau entrer la vie en nous, et allons de l'avant. Le côté réjouissant de cela? Avoir de plus en plus de compétences pour être « le merveilleux » que nous sommes.

LA LUMIÈRE DES ÉTOILES

Je travaillais dans un atelier avec des personnes en recherche d'emploi. Elles y réparaient des vélos. Tous les lundis matin, nous tenions des séances dans un lieu de réunion qui était vitré. Depuis ce « bocal », j'ai remarqué une dame qui est entrée dans l'entreprise, et qui n'était visiblement pas très bien. À ses côtés, j'ai vu l'image de quelqu'un que je coachais en atelier et que j'avais quitté le vendredi soir. Il était dans le Monde spirituel.

J'ai tout de suite compris ce qui se passait et j'ai dit à mes collègues : « J'y vais. » La dame m'a expliqué que son mari avait eu un accident de moto durant le week-end. J'ai été touchée car, en dehors du fait qu'il était impossible de s'y attendre, c'était un jeune homme vif, débordant de projets. L'atelier au complet s'est rendu à son enterrement. J'ignorais qu'il donnait de son temps libre pour entraîner les enfants au sein d'une équipe de foot. Ces enfants étaient tous venus habillés comme lors de leurs matches. Ce monsieur était visiblement très aimé.

À l'atelier, sa sympathie rattrapait son caractère, disons, affirmé (dans le Monde spirituel, au moment de vous écrire ces mots, ce que je vous apprends l'amuse) !

Durant la cérémonie religieuse, j'ai vu une scène qui ne s'est plus jamais renouvelée. Les enfants, à la demande du curé, allaient l'un après l'autre poser une petite bougie sur le cercueil. J'ai observé une lumière scintillante avec des étoiles descendre depuis le haut de l'église et entourer chacun de ces bambins. C'était féerique.

Je n'en croyais pas mes yeux. L'énergie de ces enfants changeait au moment où la lumière tombait sur eux. Je suis convaincue que c'était pour prendre soin d'eux. Lorsqu'ils ont chanté, plus tard, ils étaient énergétiquement plus « forts » qu'au moment où ils étaient allés apporter leurs bougies. C'était magique !

Cela a été l'unique fois où j'ai assisté à un tel spectacle. Je souhaite que vous connaissiez ce genre d'expérience afin de comprendre que le Divin nous apporte toujours ce dont nous avons besoin. La douleur peut créer une difficulté à ressentir la présence de nos chers disparus.

UN UNIQUE SON DE CLOCHE

Une connexion spontanée – pour moi – est venue une fois lorsque je passais l'aspirateur. J'ai entendu des «ding ding» répétés. Avec le vent qui soufflait sur Martigny, je croyais que j'avais laissé suspendu un objet métallique sur mon balcon en fer forgé et que cela s'entrechoquait. Je suis partie vérifier: rien. J'ai continué à passer l'aspirateur et cette sorte de cloche a recommencé.

Je me suis arrêtée et j'ai pris le temps de me demander à quoi cela se rapportait. Ce son me rappelait un symbole de rassemblement lié à l'église. J'ai alors demandé au Monde spirituel si quelqu'un que je connaissais était parti le retrouver. Ou s'il y avait un mariage, un baptême en vue. Réponse affirmative pour quelqu'un qui nous avait quittés.

Sur ce, j'ai reçu un téléphone de ma sœur, dans le Jura, qui m'a appris le décès d'une personne que j'aimais beaucoup. J'ai compris qu'elle était venue me dire au revoir. J'ai repris mon aspirateur, il n'y avait plus de cloche qui sonnait. J'étais émue. Parce que, médium ou pas, ça me touche. Je sais que je vais pouvoir continuer à dialoguer avec ces personnes. Mais je ne les aurai plus en face de moi, je ne pourrai plus les toucher. Je sais qu'elles sont heureuses, je sais que tout va bien pour elles. Il me reste le manque de leur présence.

Quand nous perdons un être cher, nos parties physiques et psychiques sont en manque de la personne qui s'en est allée. Cela dure le temps d'un deuil et parfois cela revient dans des moments clés où l'on souhaiterait sa présence.

LE TEMPS DU DEUIL

Le deuil, un passage qui nécessite un temps correct, d'amour, de gentillesse pour soi-même, selon moi. Les trois premiers mois, nous ne pouvons que réceptionner ce fait. Les trois mois suivants, nous commençons à le comprendre. Trois mois s'écoulent encore, et là seulement, c'est l'intégration.

Après neuf mois, un humain naît. Il pleure, dort, mange. Il évolue jusqu'à son autonomie, c'est-à-dire la marche, qu'il fera entre douze et quinze mois après sa naissance. Reprenons nos comptes, il se sera passé environ deux ans.

Nos cellules physiques sont programmées pour cette vitesse-là. Au gré de notre état d'être unique, il peut y avoir des variations de deux ou trois mois. Cela ne veut pas dire que ce temps ne sera que de la douleur ou que celle-ci s'arrêtera net après. C'est simplement une base de temps réaliste, en rapport avec nos cellules et leur vitesse.

Une idée serait d'être à l'écoute de ses besoins pendant ces mois qui passent et de s'aimer sans se juger sévèrement. Cela s'applique à tous types de deuil, comme celui d'une relation amoureuse qui s'arrête, une mémoire que nous laissons partir, un changement de situation, de ville, de pays, d'ami(e)s... Je suis certaine que nous n'oublions jamais. Je crois que nous pouvons arriver, dans le temps, à vivre harmonieusement avec la situation de deuil. Je me suis souvent demandé pourquoi nous ne pouvons pas tout simplement oublier? La réponse qui me semble pertinente, c'est parce que l'on ne cesse jamais d'aimer. On aime la personne qui est partie, un(e) ami(e), un lieu, un pays, bref! tout ce que nous avons vécu et qui constitue nos expériences.

LE DIVIN AIMANT

Laissez-moi vous parler de ceux que j'appelle affectueusement « Monsieur et Madame Lisse ». Chez eux, rien ne bouge, ils sont tirés à quatre épingles. Pas le moindre cheveu ne dépasse de leur coiffure. Leurs enfants ne crient pas, ils sont polis et propres sur eux, ils ne se salissent pas. Ils n'élèvent jamais la voix quand ils jouent, ne profèrent pas de gros mots. Tout ce qu'ils font se révèle parfait, à l'image de leurs parents et aux yeux de tous. Une famille stable, gentille, belle et travailleuse.

Leur voiture est nickel. On peut manger sur le sol de leur maison et même la vitre de la cheminée en plein hiver ne porte pas une trace de suie. Un modèle de réussite sociale. Ils ont tout pour eux !

Vous me voyez venir, c'est une représentation d'une image idéale extérieure. Un peu comme « le blond » du sketch de Gad Elmaleh. Ces gens incarnent des représentations sociales impensables, sans réalité, qui au passage font souffrir tous ceux qui souhaitent cela pour eux-mêmes. Ils s'épuisent à montrer quelque chose de lisse. Ils sont enfermés dans un schéma très complexe où seul le positif a le droit d'être. Souvent, le masque tombe lors d'une de ces fameuses crises de vie et ils redeviennent humains.

Ma croyance, en partage avec la médiumnité, m'a appris tout autre chose. Je suis venue pour vivre, aimer, pétiller. Non pour tenir bon, pousser, tirer.

Le Divin auquel je crois ne me demande pas d'être parfaite. Il s'attend à ce que je fasse du mieux que je peux en respect avec moi-même et tous les autres êtres vivants. Il a enVie et m'aide par toutes sortes d'expériences à devenir cette étincelle divine. M'aimant et me soutenant dans tout ce que je fais, il ne me menace jamais. Il ne m'oblige pas à croire en lui ou en ce que les hommes ont créé. Il préfère que je croie en moi. Je ne ressens aucune pression de sa part envers moi. Seulement son amour et sa foi en moi. Il me montre qu'il est impossible de rater sa vie et qu'il n'y a aucun lieu atroce dans le Monde spirituel.

LE POSITIF ET LE NÉGATIF

Notre corps humain se décline en trois parties: une physique, une psychique (avec du rationnel et de l'émotionnel) et une spirituelle. La physique et la psychique ont été créées par nos parents sur la terre. Elles comportent du positif et du négatif que nous vivons de manière séparée.

Lorsque nous utilisons la partie spirituelle (l'âme), son énergie est celle de l'unité. C'est indivisible et ressemble à du neutre en permanence. J'y reviendrai après.

Après une méditation, ou toute autre action qui nous fait partager l'énergie avec notre âme, nous pourrions avoir enVie de reproduire cette belle énergie divine. Tendre vers une seule bonté positive sur terre correspond à une seule moitié de l'énergie divine. Nous ne pouvons vivre ici avec un seul objectif, uniquement le positif. Cela serait oublier que le négatif participe pour moitié à cette unité. Viser le 100% positif empêche de vivre pleinement. Repousser le négatif revient à oublier de prendre l'enseignement et souffrir.

Quand nous connaissons une période négative, nous mettons en route un nouveau mode de pensée qui nous donne l'enVie de retourner vers le positif. Lorsque nous remontons vers le positif, nous comprenons ce qui s'est passé qui nous a emmenés vers le négatif. Au moment de ce déclic, c'est le négatif qui a rejoint le positif, c'est ça, l'instant de grâce. C'est la reproduction exacte de l'unité divine.

Une chose importante à dire, je crois, c'est qu'il n'y a rien de mal dans le fait de passer un moment difficile. Un « moral dans les chaussettes », le fait de ne pas tout assumer un certain jour, ne fait pas de nous de mauvaises personnes.

Pour m'aider, j'essaie de ne plus dire: «J'ai un problème.» Je dis: «Je vis une expérience.» Ça change l'énergie de le dire ainsi. Parfois la situation est facile et légère, parfois elle est embêtante et lourde. Je l'accepte, même si comme nous tous, parfois je m'en passerais bien ! En définitive, ces situations peu agréables, voire détestables se transforment en avancées qui enrichissent notre savoir.

Il y a un AVANT et un APRÈS où nous aurons progressé, effectué ce fameux pas qui nous sort de nos schémas ou de cycles répétitifs. Faisons ces expériences sans penser que quelqu'un nous souhaite du mal parce que ce n'est pas la réalité. La vie nous les envoie pour nous transformer. La souffrance s'arrête dès que nous l'avons compris… Alors, plus jamais contre les situations, mais avec !

TROISIÈME PARTIE

L'enVie de devenir médium ?

« La seule chose qu'on est sûr de ne pas réussir est celle que l'on ne tente pas. »

Paul-Émile Victor

DE L'EXTRAORDINAIRE TRÈS ORDINAIRE

Arrêtons de mythifier ce qui est « paranormal ». Depuis le début de l'humanité, des peuples de toutes les cultures ont travaillé la main dans la main avec le Monde spirituel. Ce dialogue avec nos âmes entre dans le Tout, cela me semble normal, loin d'être étrange ou exceptionnel.

À une certaine époque, je regardais *Les dossiers de l'étrange*. Une de mes filles, qui avait alors 10 ans et qui s'était réveillée, se trouvait à mes côtés. Un reportage filmait une dame qui donnait une méditation guidée. À la fin du sujet, ma fille m'a regardée avant de m'interroger: « Maman, elle s'appelle comment cette émission ? » « *Les dossiers de l'étrange...* » « Ah ? Il y a quoi d'étrange là-dedans ? »

J'ai souri car je ne savais pas trop quoi lui répondre. À l'époque, j'aimais bien, de temps en temps, regarder ce genre d'émissions. J'aurais été partante pour y aller et démystifier certaines idées reçues. Lorsque j'ai enfin accepté ma médiumnité, voici plus de vingt ans, elle était encore teintée d'une aura « extraordinaire ».

Extraordinaire ? J'adore ce mot et je le comprends de mieux en mieux maintenant. Pour réaliser de l'extraordinaire, pratiquez déjà au mieux ce qui est ordinaire. Une fois que vous le maîtrisez, il devient plus facile d'aborder l'« extra ».

J'ai la médiumnité comme structure de vie. D'autres composent de la musique, peignent des tableaux, deviennent des chefs en cuisine, innovent dans l'informatique ou dans les sciences. En quoi cela diffère-t-il d'une pratique médiumnique ?

Les mentalités évoluent. Je devrais parier ma chemise que, dans moins d'une décennie, cette compétence semblera « normale ». Après, que vous vous y intéressiez ou pas, c'est un autre sujet. Le premier qui a évoqué l'idée de voler dans une machine s'est attiré critiques et incrédulité. Quand les premiers avions se sont élancés dans les airs, cela paraissait extraordinaire aux yeux du public. Les pionniers dans ce domaine ont cessé de passer pour des illuminés, ils devenaient des génies.

Aujourd'hui, des millions de personnes prennent un avion au quotidien. Elles bénéficient de cette possibilité... sans savoir comment construire un appareil. Et elles paient plus cher pour leurs valises que pour elles-mêmes dans certains voyages. Celles et ceux qui pratiquent la médiumnité passent encore trop souvent pour des illuminé(e)s.

Cette troisième partie vous explique comment la médiumnité se trouve à la portée de toutes les personnes qui se sentent médiums. Pour ceux d'entre vous à qui le sujet plaît sans que vous ayez enVie de l'utiliser, cette troisième partie vous donnera plein d'idées pour votre structure. Dans les deux cas, c'est grâce à une structure que nous pouvons accéder à nos buts. Je développe ces connaissances reçues au travers de mes expériences. La médiumnité est une pratique exigeante. Ne pas avoir de structure peut vous emmener au-devant de situations pénibles à vivre. Je ne prétends pas avoir raison, ce sont mes expériences qui ont développé ma médiumnité.

L'APPRENTISSAGE

Chacune ou chacun possède en soi la médiumnité. Au premier regard, cela paraît « facile » de la pratiquer ou de penser qu'elle se développera toute seule. Ce n'est pas tout à fait vrai, ni faux d'ailleurs...

Je pourrais tirer un parallèle avec des acrobates qui réalisent une pyramide dans un cirque. À les observer, cela semble d'une simplicité confondante. Aucun acrobate ne tremble, la troupe sourit au public, le spectacle apparaît « simplement » magnifique et fluide.

Derrière cette réussite et cette perfection atteinte — vous le devinez – il y a des milliers et des milliers d'heures de travail.

Il en est de même avec le travail de médium. Dans notre « package » de base, à la naissance, nous avons un corps physique, un corps psychique et un corps spirituel, soit notre âme. Ce n'est pas comme avec un meuble en kit, il ne manque jamais de pièces !

Si vous affirmez vouloir travailler avec le Monde spirituel, il viendra travailler avec vous. Souvent les premières questions que se posent les personnes intéressées par la médiumnité sont : « Comment je fais pour entrer en contact avec mon âme ? Où est-elle ? Je peux l'utiliser pour moi ? Pour les autres ? Est-ce que cela me serait utile dans mon quotidien ? Est-ce que je peux donner de la guérison et/ou entrer en contact avec une âme du Monde spirituel ? »

Si vous venez à mon atelier pour suivre des cours, vous apprendrez la structure qui vous permettra de travailler avec votre âme, en partage avec le Monde spirituel. C'est à la portée de tous ceux qui ont enVie de le faire. D'ailleurs, pour certaines personnes la médiumnité est tellement simple qu'elles se demandent si cela ne cache pas des choses plus compliquées ! D'autres personnes tournent la clé de contact – dont elles sentaient intuitivement l'existence – et cela démarre au quart de tour. Il y a aussi des personnes qui se demandent si c'est bien vrai que c'est ça ! Parce que ça, c'est leur normalité. Malgré toutes vos compétences innées, le plus difficile à acquérir est le savoir-être qui vous permettra de les utiliser.

Personnellement, je fonctionne avec mon propre mode d'emploi, qui s'est créé au fil des années et des expériences. Il contient des idées que je partage en cours. Vous les prenez, testez, et en adoptez quelques-unes qui vous conviennent. Puis, vous en découvrez. Votre propre façon de faire va éclore. Je pourrai suivre plus tard des cours chez vous, car vous aurez développé des techniques que j'aurai enVie d'apprendre à mon tour. Nous sommes faits pour nous compléter puisque nous avons chacun nos compétences.

Je reviens à l'image de la pyramide réalisée par des acrobates qui semble ne représenter aucun effort. Même s'il est vrai que la médiumnité est en vous, la pratique est indispensable pour intégrer le savoir-être (la structure) qui vous permettra de l'utiliser.

Imaginons que vous allez travailler à raison de quarante minutes de méditation et vingt minutes de contact avec le Monde spirituel, ce qui représente une heure par jour, voire par semaine. De mon côté, je suis connectée environ six heures par jour, quatre jours par semaine, depuis deux décennies. C'est mon choix, ça me plaît. Ce temps consacré marque mon enVie, ma démarche, mon histoire et mon expérience. Il favorise la restitution de ce que communique le Monde spirituel, il fait partie du savoir-être humain nécessaire à l'exercice de ma profession.

Si mon exemple ne vous apparaît pas assez concret, mettons que vous désirez devenir boulanger, ce qui exige quatre ans d'apprentissage. Vous passez 80% de votre temps sur la pratique et 20% sur la théorie. Sur une semaine, cela représente six heures par jour, en gros, à mettre la main à la pâte et apprendre ce métier en professionnel. Cela n'a rien à voir avec la dame qui, dans sa cuisine, réalise de temps à autre du pain. Vous avez saisi, je le pense, la nuance de temps, d'investissement, d'expérience.

En bref, la médiumnité est en nous, et le temps que nous y consacrerons nous procure l'expérience nécessaire à son utilisation. Il ne sert à rien d'être pressé car nous faisons immédiatement des expériences avec le Monde spirituel. La médiumnité se développe harmonieusement en même temps que notre propre développement personnel, qui est la structure de cette compétence.

LE DÉCLIC MÉDIUMNIQUE

Vous vivez des expériences qui vous donnent l'enVie d'en savoir plus. Vous allez suivre des conférences, des démonstrations publiques de médiumnité, vous lisez des ouvrages sur les sujets, etc. Tout cela arrive, comme par hasard, dans le bon temps pour enclencher le déclic médiumnique.

Cela ne se réalise pas toujours en un claquement de doigts. Parfois, il est bon d'attendre d'être prêt pour mettre cela en place. Malgré tout, la petite graine qui est semée germe, et elle laisse l'enVie prendre racine. Quand le bon moment arrive, le déclic permet à la volonté d'éclore. Le travail commence, les énergies se développent progressivement. Choisissez des structures claires, pour construire des bases solides dans lesquelles vous serez libre avec votre propre médiumnité. À partir de là, choisissez dans quelle mesure vous aimeriez l'installer dans votre quotidien. C'est le moment où les personnes commencent à avoir leurs propres habitudes, leurs automatismes, où elles trouvent leurs marques pour se sentir à l'aise avec leurs talents. Elles pratiquent alors de plus en plus régulièrement. Le temps que cela met à s'installer ne compte guère. La rapidité n'est pas importante, seule la qualité l'est.

GAGNER SA CONFIANCE MÉDIUMNIQUE

Quand les gens viennent à mes stages, je leur annonce d'emblée: « La chose la plus importante que vous apprendrez ici, c'est le savoir-être qui accompagne votre compétence de médium. Sans aucun doute, vous avez la compétence médiumnique, sinon vous ne seriez pas ici. »

Rares sont les participants qui viennent me voir comme si j'étais un singe de foire pour savoir si la médiumnité existe vraiment. La majorité recherche quelque chose sans savoir encore exactement quoi. Elle est en demande, en attente de découvrir si c'est vraiment ça qu'elle souhaite. Je me dois d'être stable et claire. Que mes élèves soient doués ou qu'ils peinent à se connecter tout de suite, ce qui se passe est important pour eux. Je ne m'amuse d'aucune maladresse, travailler avec l'impalpable se révèle délicat. J'en sais quelque chose.

Après tout, durant presque dix ans, j'avais refusé d'être reliée avec le Monde spirituel.

Si vous consacrez du temps à cette démarche, ce n'est pas par hasard. Quelque chose vous a titillé. Dans des enseignements que vous avez déjà reçus, vous avez peut-être senti des pistes et vous cherchez des confirmations. D'autres savent qu'il s'agit de médiumnité et souhaitent la développer. Quelles que soient vos approches, lorsque vous venez dans mon atelier, en cours, aucun doute ne subsiste: pour moi, vous êtes des médiums.

Comment allez-vous utiliser cette capacité? Je n'en sais rien! Le stage vous permettra d'avancer juste d'un pas à ce moment-là. Vous allez utiliser vos compétences d'âmes pour travailler à ce que vous avez enVie. Durant les heures que vous passerez en stage, je vous poserai des questions et vous donnerai des pistes. Dans quelle structure englobez-vous la médiumnité au sein de votre vie? Quel savoir-être allez-vous utiliser face aux personnes?

Je vous confie ma propre expérience. J'ai choisi de passer beaucoup d'heures avec le Monde spirituel, quatre jours par semaine. Ce choix convient à ma propre structure. Je pose le cadre qui me convient et je me respecte. À ce rythme, je donne ce que j'ai, je ne donne pas ce que je n'ai pas. J'ai assimilé, je peux transmettre. Simple? Pas autant qu'il n'y paraît.

Je donne des cours depuis quinze ans. Le premier s'est déroulé dans mon village natal. Des amis proches me l'avaient demandé. Je savais que j'arriverais à guider des méditations. Je connaissais les mots qui stimuleraient la force du groupe. Et puis, j'avais déjà suivi pas mal de cours pour puiser dans mes expériences. Je l'avoue, je n'étais quand même pas sûre à 100% de mon coup!

À la fin, les participant(e)s ne se sont pas montrés avares en compliments: «Nous t'avons sentie dans ton élément, cela fonctionne super bien avec toi, nous nous sommes sentis à l'aise. Tu nous as respectés, tu as compris ce que nous te demandions.» Et moi qui pensais que je n'étais pas tout à fait prête!

Je dresse un parallèle avec ce qui se passe chez les Aborigènes. Au fil de leur vie, ils changent de prénom. Ils désignent, au gré de leurs apprentissages, ce qu'ils savent faire. D'abord, ils reçoivent un prénom de leurs parents. Quand ils veulent commencer à travailler, ils se rendent chez une personne possédant une compétence qui les intéresse. Ils souhaitent l'apporter à la communauté. Une fois leurs apprentissages terminés, ils réunissent le village et annoncent ce qu'ils ont appris. Leurs métiers deviennent leurs nouveaux prénoms.

Avant ce premier cours, je ne me croyais pas prête à changer mon prénom en Médium ! Je trouvais qu'il n'y avait personne pour surveiller ce qui aurait pu être des bêtises de ma part. Les réactions ont éveillé en moi un déclic. Le rôle d'enseignante me convenait. Je cessais de me demander : « Est-ce que je suis prête à ça ? Ai-je assez confiance en moi ? » Je m'étais lancée et j'en étais heureuse. Aujourd'hui, je remercie les ami(e)s qui me l'avaient demandé.

Dans la structure que j'apporte aux personnes, dans mes stages, j'insiste sur la confiance. « C'est elle qui me fait avancer d'un pas supplémentaire à chaque étape. Tant que j'étais dans le doute, je restais sur place, je n'évoluais pas... » La confiance permet de lutter contre les fausses croyances qui nous égarent.

En quinze ans, je n'ai vu que deux personnes ne pas revenir en cours le deuxième jour. La première avait mal au dos, la deuxième était fatiguée. Ni l'une ni l'autre n'a concédé que c'était trop pour elle. Les deux se sont respectées, c'est ça qui compte. Se forcer, c'est aller contre votre propre respect. Votre apprentissage passe par beaucoup de phases. À chaque petit morceau de confiance que vous récupérerez, vous ferez un pas de plus dans vos aspirations. Le respect pour vous-même vous y mènera.

Chaque fois que quelqu'un se lance, il trouve quelque chose pour lui dans ce qu'il est en train de vivre à ce moment-là. Travailler avec le Monde spirituel, cela conscientise, vous permet de découvrir vos capacités et pose des premiers repères. Vous apprenez que vous pouvez ressentir des choses et même les utiliser. Vous franchissez des étapes supplémentaires au bon moment. Cela vient vous chercher pour que vous appreniez un petit bout de plus. Oui, cela transforme des vies, cela modifie ce dont vous pensiez avoir besoin, et vos croyances. Je reçois régulièrement des témoignages qui vont dans ce sens.

Dernièrement, un homme qui avait fait quatre jours de stage en Belgique m'a confié: «J'ai mis du temps à m'en remettre car ce que je croyais juste avait pris un autre visage!» Ce n'est pas le premier ni le dernier à être surpris dans son quotidien par le Monde spirituel.

DÉPROGRAMMER LE RATIONNEL

J'ai vraiment enVie que vous compreniez que nous avons toutes et tous notre propre compétence. Il ne sert à rien d'en chercher ailleurs, nous les avons dans notre fameux «package» de naissance à l'intérieur de nous. Il nous permet de devenir ce que nous souhaitons être.

Ayons confiance en la Vie, nous recevrons le meilleur pour nous. Parfois, cela ne se présente pas comme nous le pensions. Laissons-nous surprendre. Souvent, c'est même beaucoup mieux que ce que nous espérions dans notre tête dirigée par le rationnel, cet endroit dans notre corps qui contient nos programmes.

J'ai reçu par le Monde spirituel, par mes guides, par mes expériences, ce qu'il m'était donné de comprendre pour avancer. Pour bien des choses apprises, je ne m'y attendais pas, et pourtant c'était le meilleur pour moi. Ils m'ont notamment appris à déprogrammer ce que le rationnel fait subir au physique (mémoires cellulaires) et j'aime utiliser cette technique parce qu'elle libère d'anciens schémas qui retiennent parfois la guérison et les avancées.

Une cellule de notre corps peut vivre de manière autonome. Elle a un foie, une rate, des poumons, un cœur à elle seule... et elle a aussi une mémoire. Elle est remplie d'expériences qui ont constitué notre existence ainsi que de mémoires. Chaque endroit de notre corps répond à une ou des émotions. Les genoux, par exemple, sont les émotions de réception et de rebondissement. Nous y ressentons des douleurs ? Il est possible que nous rencontrions des difficultés avec nos capacités de réception ou rebondissement dans notre existence.

Lorsque nous déprogrammons les cellules d'un endroit, les émotions, le problème – ou les thèmes qui nous freinent – disparaît. Cela nous fait passer de l'inconscience, où nous demandons parfois de l'aide à quelqu'un d'autre, à la conscience, où nous savons comment travailler nous-mêmes là-dessus.

Le livre du professeur John Sarno[1] *Le meilleur anti-douleur c'est votre cerveau* illustre parfaitement cela. Je recommande aussi souvent la lecture du livre *Les secrets d'un esprit millionnaire* de T. Harv Eker[2]. Il ne parle que d'argent – son titre est assez éloquent – mais il explique comment débloquer les schémas pour laisser l'abondance affluer vers nous.

L'abondance, c'est le mot qui m'intéresse. Exactement les mêmes chemins qui débloquent l'abondance matérielle concernent la santé et l'amour. Intégrer ça permet d'atteindre ses buts.

J'ai une foi immense en l'humain et en sa capacité de se transformer. Je suis étonnée lorsque j'entends : « Je rate tout dans ma vie et cela ne changera jamais. » Selon moi, nous pouvons tout changer. Nous sommes une « machine » formidable qui fonctionne très bien. C'est à nous – et à nous seuls – de rendre nos possibilités illimitées. Souvent, les personnes se comparent. Elles envient l'existence d'une autre car elle lui semble bien mieux que la sienne. Dans ce cas, nous limitons nos dons. Pourtant, dès l'instant où nous les suivons, NOTRE vie s'ouvre alors des possibilités ILLIMITÉES.

---

1 Professeur de médecine de réadaptation et de rééducation et auteur.

2 Auteur de théories sur la richesse et la motivation et conférencier.

DANS L'ENCLOS POUR ÊTRE LIBRE

Dans une structure bien installée se développe une liberté. Imaginez que nous avons un enclos autour de nous. Nous pourrions le voir comme un empêcheur d'être ce que nous voulons être, n'est-ce pas ? Pourtant, imaginons-nous au centre, en train de danser librement. Quoi qu'il nous arrive, il existe une possibilité de nous rattraper en nous tenant à cette barrière.

La barrière, c'est l'enclos que nous conscientisons et que nous mettons en place pour notre liberté. Pour ce faire, débarrassons-nous des vieilleries – nos fausses croyances qui nous empêchent d'avancer – et ajoutons des nouveautés qui nous font enVie. Notre structure évoluera en même temps que nous. Nous agrandissons nos connaissances, nos compétences, l'enclos s'élargit et nous laisse encore plus de place au centre pour danser. Une fois de plus, la possibilité d'agrandir notre liberté devient illimitée.

ÊTRE RÉUNI

Comme vous le savez, notre corps se compose de trois parties : une physique, une psychique composée de rationnel et d'émotionnel, une spirituelle, l'âme. Lorsque les trois existent à parts égales, nous vivons en harmonie. Si nous utilisons seulement deux tiers de nous-mêmes, il est impossible d'être un Tout.

Lorsque nous équilibrons ces trois parties, nous développons cette capacité à être entièrement nous. Ce qui changera notre vie au quotidien. Comparons avec une activité sportive.

Nous pédalons sur notre vélo. Notre partie physique est grandement mise à contribution. Nos parties psychique et spirituelle fournissent de l'énergie au physique. Les trois travaillent ensemble. Si nous écrivons ou lisons, le physique donne de l'énergie au psychisme ainsi qu'à notre part spirituelle. Notre partie spirituelle demande la même solidarité. Quand nous travaillons avec notre âme, les deux autres viennent en renfort. N'importe quelle action nécessite les trois en permanence, en connivence, en interpénétration.

Certains s'en passent. Ils développent des supercompétences qui s'appuient sur le physique et le psychique. Il peut s'agir d'une expérience de vie à réaliser ainsi.

Admettons que nous délaissions notre part spirituelle ; nos inspirations spirituelles seront inconscientes. Il sera donc difficile de ressentir la guidance du Monde spirituel ou de l'utiliser à notre service. Nous serons comme « privés » des avantages qu'elle pourrait nous offrir. Ce qui est dommage, car cette âme comporte le chemin de notre vie, des connaissances acquises dans d'autres vies et l'énergie d'amour pur qui la compose.

Notre existence n'est pas totalement fluide sans une de nos parties. Il nous manque toujours les compétences de celle que nous n'utilisons pas. Ce qui revient à dire que cela crée des complications inutiles.

Nous négligeons notre corps physique ? Nous allons nous sentir raides, coincés. Nous décidons qu'il est inutile de rester curieux, que nous en savons bien assez, que nous pouvons nous passer des interactions humaines ? Il est fort possible que notre partie psychique perde sa rapidité d'évaluation, sa capacité à intégrer de nouvelles données. Elle risque même de développer des peurs inutiles, puisque la connaissance est la seule chose qui les annule.

Imaginons que nous avons une peur panique à l'idée de sauter en parachute. Nous allons voir un instructeur qui détaille chaque étape. Nous assimilons la technique et comment utiliser le matériel. Notre appréhension s'atténuera, nous redouterons un peu moins ce défi car nous aurons la connaissance. Si nous ne sautons pas, c'est peut-être une peur liée à la mort, et nous allons chercher cette nouvelle connaissance. Et ainsi de suite... Mais dans tous les cas, nous avons besoin d'utiliser notre psychisme. Si nous sommes rigides dans notre corps physique et psychique, nous le serons aussi dans notre âme. Nous serons comme entravés, raides. Lorsque les parties qui nous composent sont utilisées, reliées, interconnectées, elles participent à notre globalité, notre Tout. Cela existe grâce à la souplesse et la fluidité du dialogue qui existe entre elles.

INTUITION ET INSPIRATION

Le mot « intuition » repose sur un malentendu. La plupart des personnes attribuent cela au Monde spirituel. Pour moi, c'est l'inspiration qui vient de lui. Notre rationnel – partie psychique – génère l'intuition et l'accompagne toujours d'une émotion. C'est logique puisque dans notre psychisme, le rationnel et l'émotionnel ne font qu'un. À l'inverse, le Monde spirituel nous donne l'inspiration. Nous la recevons sans aucune émotion car ce n'est pas un « matériel » de l'âme. En recevant une inspiration, nous sommes totalement neutres à sa réception. Dans un second temps seulement, notre tête peut générer une émotion.

L'intuition, issue de nos programmations rationnelles, séduit les médias, notamment écrits, qui en font souvent leur une ou l'inscrivent à leur sommaire. Ils croient parler du Monde spirituel, une thématique de plus en plus porteuse, et se trompent par méconnaissance. Nos fameuses intuitions ne sont pas systématiquement bonnes, n'est-ce pas ? Cela s'explique. Dans notre rationnel – partie psychique – existent toutes nos programmations. C'est, en quelque sorte, notre « banque de programmes informatiques ». Comme dans tout ordinateur, il y a des programmes que nous aimons, et d'autres que nous souhaiterions changer. C'est identique pour nos propres programmes.

Certaines intuitions, émises par notre rationnel, ne nous portent pas préjudice, car elles sont issues d'un programme qui nous convient. D'autres nous ennuient car le programme duquel elles sont issues se révèle obsolète et nous aimerions le changer. Acceptons les premières, changeons les deuxièmes !

A contrario, nous pouvons suivre toutes nos inspirations les yeux fermés, sans crainte de nous tromper. Car elles nous sont données par le Monde spirituel ou notre âme qui, soit dit en passant, sait pourquoi nous sommes venus.

J'ai bien cerné la différence entre intuition et inspiration dans un stage Ho'oponopono. La confusion entre ces mots ne me dérange pas. Elle est habituelle et populaire. Je la recadre lors de mes séminaires et ici, afin de savoir les distinguer. Cela nous aide pour travailler notre rationnel, la confiance en nous, la transformation de nos programmes et lors de partages avec le Monde spirituel.

Pour utiliser cette connaissance, c'est simple : au moment où j'ai une information, je prends une seconde pour me demander s'il y a une émotion qui l'accompagne. Si la réponse est oui, c'est mon rationnel et donc une intuition, si c'est non, il s'agit d'une inspiration et donc c'est spirituel. À savoir tout de même que plus de 90 % sont des intuitions.

ÉCOUTER L'ÂME

Plus nous travaillons avec notre âme et le Monde spirituel, plus nous devenons sensibles à ce qu'ils nous suggèrent. Il n'y a pas que la méditation qui permette le partage avec notre âme. Chaque fois que nous réalisons une activité où nous oublions le temps et l'espace, nous sommes en partage avec notre âme. Cela peut être une activité passionnante, prenante, comme peindre, écrire, lire, marcher, prendre des photographies, faire du sport, de la musique, du théâtre, chanter, composer, etc. Les possibilités de pratiques sont infinies. Plus nous pratiquons, plus nous serons inspirés. Cet apprentissage installe de nouvelles connexions neurologiques qui mettront en place des automatismes.

Lorsque j'avais un travail fixe, petit à petit, j'ai eu l'enVie de pratiquer seulement la médiumnité. Ma seule inquiétude était de ne pas pouvoir subvenir aux besoins de ma famille. Cette excuse m'était racontée par mon rationnel. Il m'a fallu six ans pour contrebalancer mes deux activités professionnelles et suivre ce que mon âme me disait depuis longtemps. Pendant ce temps, tout allait bien, selon ce que je croyais juste à l'époque. Seulement, ce que je gagnais, je le perdais régulièrement : ma voiture tombait en panne, j'avais une dent à réparer... J'ai réalisé que je n'étais pas dans le respect de moi-même. Je ne faisais pas ce que je pressentais juste pour moi. J'ai généré ces expériences désagréables qui satisfaisaient mon rationnel dans ses appréhensions. Je suis passée par bien des détours avant d'être en face de la seule voie possible. Puis, j'ai été prête pour entendre la proposition de mon âme, et beaucoup de possibilités se sont offertes. Ça allait plus vite et plus facilement. L'âme nous indique comment passer du point A au B dans une évidente ligne droite. Mon rationnel, lui, compliquait le chemin.

Trois jours après ma démission quelqu'un m'a dit : « J'ai un bed & breakfast que je dois reprendre immédiatement. Est-ce que tu pourrais assurer les matinées ? » Cela comblait juste ce qu'il fallait sans contrecarrer mes projets alors que rien n'était prévu.

Une fois que nous comprenons comment changer nos programmes afin d'écouter notre âme, nous cheminons vers ce que nous sommes. Quand nous assimilons un élément, les autres se mettent en place. La vie ne nous laisse jamais tomber. Seul notre rationnel nous impose une image où nous sommes en train de mendier sur le trottoir, l'estomac vide.

Afin de suivre notre âme, parler à notre mental est indispensable. Même si ça en fera rire plus d'un. Je lui dis : « Je t'ai entendu, tu as peur. Je te comprends mais regarde... » Et je lui expose plusieurs situations, dites « catastrophes » pour lui, où tout s'est bien déroulé. Je continue en lui expliquant mon projet et l'informe que c'est ce que je vais faire. Je termine en lui demandant de devenir mon allié.

J'ai un petit plus ici. C'est à ce moment que je mandate mon âme pour être le pilote de ma vie. J'en profite pour dire à mon corps physique que je le libère de me montrer ce changement.

Je ne suis pas en train de brosser un tableau farfelu et idyllique. C'est un travail de tous les instants qui est à la portée de tous, et réalisable, mais qui demande de la conscience et du temps. Il nous apprend à provoquer ce que l'on veut. Quand on se prend en charge, l'univers infini nous répond toujours. Cela confirme l'adage « Aide-toi et le ciel t'aidera ».

AFFIRMER OU DEMANDER À L'UNIVERS INFINI ?

L'important est d'être très clair et de s'aligner à nos affirmations. Avec le Monde spirituel, nous ne demandons pas « Donne-moi un stylo », mais « J'affirme que je suis prêt à recevoir un stylo ».

La façon adéquate d'affirmer, c'est de constituer une phrase au présent, affirmative et positive :

- Au présent car le Monde spirituel est une unité où le passé, le présent et le futur n'existent pas séparément. Tout est Un. C'est une énergie, comme expliqué en physique quantique. Il n'y a pas de temps avec des minutes et des heures, il existe seulement un espace.
- En affirmant, car nous seuls pouvons décider pour notre vie. Personne d'autre n'a le droit ni le pouvoir de le faire à notre place. Et surtout pas le Monde spirituel.
- De manière positive, puisque l'Unité n'a pas de pôles séparés mais une énergie indivisible. Du temps que nous y sommes, autant profiter ici sur terre de cette belle énergie même si en définitive, il nous faut les deux pôles pour être équilibré.

Si l'on fait une affirmation avec des négations, voilà ce que cela donne réellement: «Je ne veux pas une maladie», enlevons le «ne» et le «pas», et nous comprenons l'affirmation que perçoit le Monde spirituel.

Croire sans faille à une affirmation est aussi une part de sa réussite. Essayons maintenant avec une affirmation qui peut parler à tous. J'ai un examen à passer bientôt et je souhaite formuler une affirmation pour cela. J'exprimerai avec simplicité «Je réussis l'examen de...» en le nommant.

Lorsque nous sommes très cérébraux et donc forts avec notre rationnel, les doutes commencent. La tête remet en question le fondement de cette action qui lui semble légère. Notre partie spirituelle, elle, sait que l'univers infini apportera ce que nous attendons. Ce qui assurera notre réussite, c'est de nous aligner à son affirmation. C'est le plus important de cette action. Souvenons-nous. Pour qu'une affirmation fonctionne, il faut réaliser que trois énergies sortent de nous. La parole, la pensée et l'action. Si, pour la même affirmation, nous verbalisons d'une façon, nous pensons autrement et nous agissons encore différemment, cette affirmation n'aboutira pas car nous serons alors divisés.

Pour que notre affirmation s'accomplisse, ce que nous pensons, nous devons le dire et le faire.

Un ami cherchait à obtenir un billet pour une compétition sportive assez importante. Tout était vendu et il s'était déjà résigné à regarder le match à la télévision. Je l'ai incité à garder son week-end ouvert à cette possibilité... «Demandons à l'univers infini que tu reçoives ce billet et qu'il vienne à toi...» ai-je ajouté, puis je lui ai expliqué cet alignement énergétique. Il a souri. Selon lui, à ce moment-là, c'était une affirmation impossible. Deux semaines plus tard, une dame lui a téléphoné. Elle avait appris qu'il cherchait une place et en avait deux à donner... «Et voilà une affaire rondement menée», ai-je pensé. Je connais le Monde spirituel, je sais qu'il nous donne toujours ce dont nous avons besoin pour faire une expérience. Je pense qu'il souhaitait lui en offrir une. Vous voulez un autre exemple concret?

CROIRE EN L'APPARTEMENT

Durant neuf ans, j'avais mon atelier à Martigny, le long d'une avenue. J'adorais cet endroit. Quand j'accueillais des groupes, il pouvait sembler un peu étroit, mais une belle énergie compensait le manque de place. Chacun s'y sentait à l'aise, nous y réalisions nos expériences. Le propriétaire avait même construit une pièce attenante qui me servait de salle d'attente (une douce pensée pour lui car il est maintenant dans le Monde spirituel).

Il n'était nullement question que je parte de là. Le Monde spirituel avait des projets différents et me suggérait: « Et si tu allais autre part ? » « Eh non ! Je n'en ai pas enVie ! Je suis plutôt bien installée et j'y ai tout ce qu'il me faut... » Le Monde spirituel continuait à me titiller avec cette idée de déménager.

En septembre 2015, une connaissance m'a annoncé qu'elle cherchait un lieu qui aurait « la même grandeur » que le mien. « Fais-moi signe, a-t-elle ajouté, si tu connais quelqu'un qui en libérerait un. » Je lui ai répondu du tac au tac, comme un robot et mécaniquement: « Je ne connais personne qui ait un lieu comme le mien. Mais je pense partir en janvier 2016. » Au moment même où j'envoie ce SMS, mon rationnel me hurle: « Mais tu es folle !!! Pourquoi tu fais ça ? »

Je suis restée sur cette proposition car, quand je dis quelque chose, en général je m'y tiens (mes filles peuvent vous le confirmer !). J'ai quand même expliqué à mon amie: « Je ne sais pas ce qui m'a pris ! C'est le Monde spirituel qui, une fois de plus, a remis ça sur le tapis. Le temps semble venu que je bouge de là. » Heureusement, elle me connaît et elle m'a comprise.

Selon le Monde spirituel, je ne devais pas me contenter de ce que j'avais, je devais encore apprendre, me remettre en question. En gros, c'était tout ce que je n'avais pas envie d'entendre quand je pensais que les choses se passaient au mieux. Pour calmer mon rationnel, j'ai indiqué à mon amie que je pourrais avoir besoin de mon « futur ex-atelier » le week-end ou en soirée pour y donner des stages. « Pas de problème, la table qui sera dans la pièce principale se déplace facilement », m'a-t-elle répondu.

Première étape, j'étais sécurisée ! Je donnerais mes consultations chez moi, dans mon appartement privé, et mes cours dans mon ancien atelier. Dans un second temps, j'ai posé mes conditions au Monde spirituel : « OK, je crois avoir reçu le message. C'est difficile de vous suivre, mais bon ! Puisqu'il en est ainsi : merci de me donner un local plus grand, qui se situe plus près de la gare, qui soit moins cher, que les personnes à mobilité réduite puissent y venir, que je puisse aller à pied ou utiliser mon vélo tous les jours. Ah oui, un dernier détail, comme je suis bien occupée : il faut que vous me le trouviez ! » Septembre, octobre se passent et toujours rien à l'horizon. Novembre puis début décembre s'écoulent et pas le moindre local qui se présente à moi. De quoi douter, non ? Ce qui m'a le plus coûté dans cette affirmation-là, c'était de rester sur mon idée que le Monde spirituel allait me donner ce que j'attendais.

Le 8 décembre 2015, dans un bâtiment à côté de la Grande Place, je rends visite à quelqu'un et c'est la bascule. Sur le palier où j'avais rendez-vous, je remarque une vitre sans tain. J'ai demandé ce que c'était. « Un appartement... » « Je peux le visiter ? » Il est magnifique. Je dis : « J'adorerais habiter ici et avoir un local professionnel pas trop loin... » « Il y en a un au premier... » Nous sommes allés chercher les clés, avons visité les lieux, et j'ai pris l'appartement avec l'atelier. Après des calculs, les additions parlaient d'elles-mêmes, cela allégeait mes charges. Et voilà !

Cela correspondait à ce que je croyais juste pour moi, même si je n'avais alors pas prévu de déménager de mon domicile. Apparemment, des paramètres importants de ma vie devaient changer... J'ai eu l'intégralité de ce que j'avais demandé et même plus... Il existait une partie séparée, un local rien que pour moi, ce que je n'avais plus eu depuis des années...

Le Monde spirituel vous répond toujours... sous une forme que vous n'aviez peut-être pas imaginée. Qu'est-ce qui fait que cela fonctionne ? Réalisez que les trois énergies qui sortent de nous — expliquées plus haut – doivent être alignées. Il faut rester fidèle à notre affirmation, ne pas en démordre même si cela devient inquiétant. Travailler avec notre rationnel pour qu'il ne prenne pas le dessus avec ses programmes de « panique à bord ! rien ne va plus ! ».

Il y a des gens qui me garantissent : « Mais moi je fais les demandes, je m'y prends sérieusement et ça ne marche pas... » Pourquoi ? Peut-être ne sont-ils pas alignés totalement à leur demande ? Quand une énergie sort de nous, elle part dans l'univers infini qui nous la retourne comme nous l'avons envoyée. Si nous sommes divisés, nous recevons de la division. Certains font trois fois par jour cette affirmation, et ils estiment répondre aux règles posées pour que cela fonctionne. Pourtant, le reste de leur personnalité est fragmenté face à leur affirmation.

Au bout de trois mois, dans l'attente de mon atelier, j'aurais pu commencer à douter. Constatant que rien ne se présentait, que j'y avais été un peu fort dans ce que j'affirmais, j'aurais commencé à éplucher les petites annonces immobilières. J'aurais divisé mon énergie et me serais sûrement épuisée de peur, de stress, de courir pour chercher, de visiter, etc. Le 8 décembre, je n'aurais peut-être pas vu cette vitre sans tain qui m'a attirée ou ne serais peut-être même pas entrée dans ce bâtiment.

LA MOITIÉ DU CHEMIN

La méditation est une des techniques qui m'aident à entrer en contact avec le Monde spirituel. C'est celle que j'aime pratiquer. D'autres commencent par la pleine conscience, la créativité, la sophrologie, des techniques de décontraction... ou en s'endormant.

Beaucoup d'entre vous pensent ne pas avoir de dons pour la médiumnité. Je ne crois que ce que je vois !

Je pourrais vous conseiller : « Puisque vous ne voyez pas l'électricité, mettez vos doigts dans la prise... » Voir pour croire me fait sourire maintenant. Le Monde spirituel fonctionne à l'inverse : « Il faut croire pour le voir. » C'est ça, faire le pas qui démontre votre enVie au Monde spirituel de partager avec les défunts, les anges, les archanges, le Divin. La rencontre, la connexion, s'effectuent lorsque chacun(e) réalise la moitié du chemin pour partager cette connexion.

Si nous restons sur nos positions, le Monde spirituel ne fera pas l'entier du chemin. Car cela reviendrait à nous obliger, et comme vous le savez maintenant, il ne nous oblige jamais à rien. Le Monde spirituel ne veut pas et ne peut pas nous obliger à quoi que ce soit... si nous ne le souhaitons pas. Il lui est impossible de venir au-delà de ce que nous décidons pour nous-mêmes. C'est une notion importante à retenir si nous choisissons d'expérimenter la médiumnité. Lorsque nous effectuons la moitié du chemin, cela signifie que nous sommes d'accord de travailler avec lui.

Croire pour le voir ouvre des portes de partage spirituel. Nous nous informons sur des sujets qui nous intéressent, nous les essayons, nous y passons du temps, nous affirmons que cela relève de notre désir. Là, il comprend que c'est notre souhait.

Un sceptique pensera que je fabule, je lui propose juste d'essayer. Quand je commence une méditation guidée, je demande aux participant(e)s d'utiliser leur capacité d'imagination afin qu'ils soient acteurs de cet exercice. Je raconte l'histoire de la méditation et ils en font leur propre récit, comprenant leurs sensations, leurs images... À mes mots s'ajoutent des éléments que je n'avais pas dits. Lorsque j'indique qu'ils entrent dans une pièce, leur esprit génère son aspect, ses meubles, sa lumière. Au travers de leurs images se glissent les informations du Monde spirituel. Au début, ils ignorent, par manque d'habitude, comment les décoder. S'attarder sur les détails – comme le décor de la pièce – comporte justement ces fameuses informations que le Monde spirituel à enVie de partager.

Ces fameux « programmes de contrôle » dans le rationnel se refusent à donner de la valeur, de l'importance à cela. Celles et ceux qui veulent voir pour croire, refusent ou doutent des messages. Je souhaite qu'ils sachent qu'ils ont les mêmes compétences que celles et ceux qui ont enVie de les recevoir.

RÉÉQUILIBRER LE CORPS

Puisque mon choix est de travailler en partage avec des personnes qui veulent recevoir un service médiumnique de soin ou de contact, je me dois d'être cohérente avec ce que mon corps vit au travers de cette activité professionnelle. Si je ne suis pas « saine », que vais-je transmettre ?

L'humain, les émotions, mettent mon foie à forte contribution. Ne pas s'en soucier serait un manque de réalisme total sur ce que mon métier peut impliquer pour ma santé. Toutes ces réalités me font franchir étape après étape des compréhensions et rééquilibrages. Tout comme chez vous, le savoir-être qui va avec vos compétences cherche à installer une harmonie entre vous et ce travail. Dans mes stages, j'insiste vraiment sur la qualité de la vie qui contient cette fameuse structure. Cela permet de faire et d'être tout ce que l'on veut. Je peux comparer cette action à : se préoccuper de l'environnement et vivre sans trier ses déchets, en gaspillant de l'eau, de l'électricité et en prenant sa voiture pour quelques mètres. Cette contradiction empêcherait la cohérence et l'alignement.

Dans l'enVie que tout soit comme nous le souhaitons, il est bon d'être en accord avec nos choix. Une des étapes chez moi a été de modifier mon alimentation et ma vie a gagné en force tranquille. Tout a commencé par quelques jours de jeûne thérapeutique. C'est très efficace pour « nettoyer » son corps. J'en entreprends un uniquement lorsque je ne travaille pas et quand je ressens que mon corps est en accord. Je préfère la façon optimale de le faire, à la place de l'accomplir à moitié. Cela revient au même que de s'offrir un respect complet ou une moitié...

J'explique cela car il y a différentes sortes de jeûne. Celui qui me plaît est le jeune thérapeutique. Cette technique aide à purifier l'organisme qui, par ce fait, laisse les vieilleries derrière lui. Le corps est prêt ensuite pour démarrer quelque chose de nouveau grâce à une énergie renouvelée et « propre ».

Ce sont des difficultés physiques qui m'ont stimulée à chercher des compréhensions et des solutions. J'avais déjà de bonnes habitudes car dans le Jura suisse, on vient de la terre et seules de bonnes choses arrivaient dans nos assiettes. Contrairement à ce qui se passe aujourd'hui, nous n'avions pas à nous « méfier » des produits vendus en magasins ou récoltés dans le jardin.

Plusieurs fois, la technique du jeûne thérapeutique revenait en information dans ma vie. J'étais totalement réfractaire à cela ! Je pensais que cela allait déstabiliser complètement mon organisme. Comme le hasard – qui n'existe pas – aime bien venir me chercher, j'ai reçu le livre de Nicole Boudreau[3] *Jeûner pour sa santé : le secret du rajeunissement biologique*. Grâce à ses explications simples et claires, mes craintes à ce sujet sont tombées. Depuis que j'utilise cette technique, mes symptômes désagréables ont disparu.

Aujourd'hui, je m'en sers quand je ressens que mon corps en a l'enVie. Je nettoie mes cellules et les régénère de A à Z, de la peau jusqu'aux os... et même ma partie spirituelle s'en est éclaircie. Mais pas uniquement. Par exemple, vous avez sûrement déjà entendu dire que dans le côlon se trouvent des enzymes semblables à ceux du cerveau. Eh bien, ils se parlent et échangent des données, si l'un devient propre, l'autre aussi... Bref, c'est un sujet passionnant. Je finirai en vous disant que ses bénéfices sont innombrables.

---

3 Biologiste, communicatrice, auteur et coordinatrice de la Fédération biologique du Canada.

Pour toutes les personnes qui trouvent cela un peu fou, c'est une mémoire ancestrale qui existe dans nos cellules depuis le début de l'humanité. Jadis, l'homme jeûnait bien plus souvent qu'on ne le pense, parce qu'il ne mangeait pas tous les jours à sa faim. Sous un angle plus religieux, j'ai compris aussi pourquoi le carême ou le ramadan existent.

D'autre part, notre dentition ressemble plus à celle d'un cueilleur que d'un carnivore. Nos canines ne descendent pas sur la mâchoire inférieure. Essayons de donner à un enfant le choix de croquer une carotte ou un lapin vivant. Je vous parie que son instinct ira vers la carotte spontanément et qu'il ne croquera pas dans la carotide du lapin (toutes mes excuses aux personnes visuelles !).

De mon côté, j'ai prolongé les effets bénéfiques du jeûne thérapeutique au quotidien. Dans la mesure du possible, je mange des aliments sains et j'utilise des produits sans chimie. Mon corps et ceux des personnes qui vivent avec moi sont des temples divins que j'ai enVie de chérir. Aujourd'hui, je pense être plus en respect avec moi-même et avec la nature. Cela me plaît !

Le livre de Nicole Boudreau, en plus de parler du jeûne thérapeutique, démontre toutes les compétences exceptionnelles du corps. On oublie bien souvent de quoi il est capable.

Attention tout de même, le jeûne thérapeutique est une technique qui requiert un déroulement très précis. Il y a un avant, un pendant et un après. Il importe de considérer chaque étape consciencieusement pour éviter des dérèglements nutritionnels tels que boulimie ou anorexie. Ne vous improvisez pas thérapeute. Le non-respect de vous-même apporte le non-respect de tout qui peut s'installer dans votre vie.

RESPECT DE SOI, RESPECT DU TOUT

Après mon premier jeûne thérapeutique, je suis devenue végétarienne car je ne me sentais plus en accord avec le fait de tuer des animaux pour me nourrir. Même si cela apparaît normal dans la chaîne alimentaire, moi je n'en avais plus enVie.

J'ai aussi réduit et changé ma consommation de produits laitiers de vache. Ma maman me disait déjà quand j'étais petite: « Arrête avec le lait, c'est pour les veaux, pas pour les humains. » Bon, je dois dire que je n'ai jamais vraiment aimé le lait ni la crème.

Pour le fromage, les yoghourts, j'ai choisi des alternatives, comme le chèvre et le brebis goûté chez des amis de cœur en Corse. Je les entends encore: « Mange ma petite, mange ! » Ce qui m'a amenée naturellement à d'autres découvertes sympathiques de produits identiques chez nous. Pour le lait, je me fais plaisir avec les laits végétaux que j'aime. Je pense que si je mange des produits issus d'animaux plus petits que moi, ses graisses seront un peu plus gérables pour mon corps.

Dans la suite logique de mon évolution, je me suis distanciée de la nourriture industrielle vendue dans les grandes surfaces, sauf pour les compromis familiaux. Pour le pain, je choisis des petits producteurs qui travaillent avec des farines saines et non du blé contenant plus de 40 chromosomes à la place de 14.

Le jeûne thérapeutique a amélioré mes capacités. Cela a quand même pris plus d'une année pour nettoyer mon corps. J'ai recommencé à faire des jus, à cuisiner différemment, j'ai dû désapprendre à mes filles ce que JE leur avais appris en leur disant: « J'ai cru que c'était juste, ce que je vous montrais, mais il existe de meilleures alternatives... » Alternatives qu'elles n'ont pas toujours enVie de suivre.

Je n'impose cela à personne, même pas à mes filles, je ne milite pas, je n'en fais pas un cheval de bataille. Je ne suis pas extrémiste, je ne peux qu'observer, ma santé s'est améliorée. À titre personnel, je voulais prolonger les réactions positives et j'ai adopté une nouvelle alimentation goûteuse, bonne et variée. Je le précise, parce que de fausses croyances prétendent que manger végétarien est sans saveurs et triste. Je sais déjà que certains diront que le bio est cher. Que la terre qui le contient est parfois encore pleine de produits chimiques dispensés depuis des décennies. Ma réponse est simple, c'est toujours cela de moins dans votre corps, il n'y a pas de petits profits concernant notre bien-être. Toute matière chimique que notre corps n'a pas besoin d'éliminer est une énergie en plus pour soi. Énergie que je peux mettre dans mes projets qui me font enVie.

Du coup, j'ai fait de même avec les produits cosmétiques. Sauf pour le mascara, je n'en ai encore trouvé aucun qui tienne sur mes cils sans se déposer sur mes paupières et sur mes joues. Sur mon corps, je n'applique plus aucune crème chimique. J'ai fait une grosse croix sur les dentifrices traditionnels qui débordent de ce fluor qui abrutit les gens. Mes filles boudent le dentifrice « fait maison » car elles n'apprécient pas son goût. « Tu es gentille, maman, mais tu nous en rachètes du normal », m'ont-elles dit ! Je leur en ai déniché un bio qui fait le compromis de tout le monde. Je boycotte aussi les protections féminines qui perturbent les hormones. En somme, vous l'aurez compris, j'évite au maximum la chimie.

Lorsque je ressens un mal de tête, je ne prends pratiquement plus d'antidouleur. Pourquoi ? Parce que je parle d'un mal de tête ici, pas d'une maladie, et qu'un mal de tête est fait pour que j'écoute mon corps, qui me dit : « Hé Ho... on va se calmer un peu et se reposer. » Je choisis d'écouter mon corps qui me demande un temps de respect et je cesse de répondre aux normes de la société qui parfois m'obligeraient l'irrespect. Comment ? S'écouter ? Être faible ! Quelle aberration ! Tout cela me fait sourire maintenant, mais cela n'a pas toujours été le cas.

En éliminant au maximum les produits chimiques, je me suis aperçue que j'avais bien plus d'énergie que je ne le croyais. Avant, quand j'avais des baisses de régime, je me disais: «C'est l'âge, Céline... Tu as dépassé la quarantaine, deux enfants à 80% toute seule, ça commence, c'est normal...» Après mes diverses transformations alimentaires, j'ai récupéré une énergie que je pensais perdue. Cela m'a remis les pendules à l'heure.

En lisant ces lignes je souhaite que vous sachiez que je fais au mieux en essayant de ne pas être rigide. Quand j'ai enVie de sortir, je mange ce qui est servi, de la nourriture industrielle ou de la viande: dans certaines cultures, ils sont fiers de vous offrir un plat de viande. Ce n'est pas un problème, je connais mon corps, il saura faire avec. Dans la nature, les animaux se mangent entre eux... De par mon choix, je marque uniquement mon respect envers des êtres sensibles. Il s'agit de mon expérience sur terre, celle qui se révèle importante pour mon âme et ses expériences.

Il me semble aussi que nous sommes dans une époque où le genre humain doit cesser de se nourrir abusivement sur le dos de tous les autres règnes. Nous sommes faits pour partager, nous entraider, pas pour nous comporter comme de vrais parasites en quête de gains uniquement. Soyons réalistes sur notre statut. L'humain ne détruit que ce dont il a besoin pour vivre sur terre. Comme dit un de mes amis: «Les humains sont des puces qui s'accrochent au gros chien qu'est la terre. Le jour où elle se sentira vraiment en danger, elle se secouera un bon coup. Et ses problèmes seront réglés. Elle continuera sa route sans parasites ...»

LE TEMPS – LE RESPECT

À l'époque de mes grands-parents, le temps se déroulait selon « la règle des trois 8 » : huit heures de sommeil, huit heures de travail et huit heures pour soi. Cela, à raison de cinq ou six jours par semaine, pas sept.

Où sont les huit heures qui nous appartiennent ? L'organisation de notre société a « grignoté » toutes les minutes et tout l'espace qu'elle a pu. C'était lors de ces années folles où la course au matériel était ce qu'il y avait de plus important pour se sentir appartenir à ce monde. De ce fait, il nous reste au maximum trois heures pour nous. Elles servent à ce que j'appelle la « maintenance ».

C'est ce que j'ai dû pratiquer trop longtemps au début, quand j'étais seule avec mes filles. Je n'étais plus une maman, plus une femme, plus une amie, je faisais juste de l'intendance. Je m'assurais que nous avions de quoi manger, que ma maison était propre, que mes filles avaient fait leurs devoirs, qu'elles étaient polies – « Ah ça ! c'est important être poli ! » – sans oublier de les amener à l'école à l'heure.

Pourtant, elles ne m'en tenaient pas rigueur. Toute petite, l'une d'entre elles avait dessiné et écrit sur un set de table au restaurant en le retournant « Je suis la plus belle, je suis la plus géniale, je suis la plus super », etc. Elle me l'avait ensuite donné en disant : « Tu es super, maman ! » Mes filles... mes héros. Je me souviens que je ne me sentais pas très bien ce jour-là. En même temps que ça m'avait réchauffé le cœur, j'avais la puce à l'oreille que quelque chose ne se déroulait pas comme je le souhaitais dans ma vie. J'ai affiché très longtemps ce dessin avec ce texte dans ma salle de bains. Cela m'a donné de l'énergie pour retrouver ce plaisir de rigoler, de sourire à la vie et de m'amuser.

Déjà à cette époque, je rêvais d'être une VRAIE maman. Avec l'arrêt de la chimie, j'ai gagné un temps fou qui m'a permis d'être enVie. Mon corps dispose de plus d'énergie. Cette ressource me permet de répondre aux événements de mon quotidien dans le calme. Dans la rue, mon attention se porte sur ce qui est beau et j'ai du plaisir à croiser mes voisins. Du fait que mon énergie a repris place, j'ai pu m'atteler à un autre thème : ne plus perdre mon temps. La voiture, le lave-vaisselle, le smartphone, l'ordinateur, etc., toutes ces merveilleuses inventions que la société utilise pour nous demander d'aller plus vite. Aujourd'hui, je les utilise pour me faciliter la vie. Je les aime bien.

Je développe. Ma voiture, je l'emploie lorsque j'y suis obligée ou pour le plaisir. Pour les plus longs déplacements, j'ai recommencé à prendre le train, où je m'amuse à jouer aux cartes avec ma famille, surtout à la pomme ou au chibre (jeux populaires en Suisse). C'est un temps de qualité où je n'ai pas à me soucier de la route. Je peux rêver, lire ou écrire... Devinez où je me trouve en ce moment ?

Si nous n'avons pas de voiture, me direz-vous ? Eh bien, nous trouverons un travail qui ira avec les horaires des trains. Nous aurons quelques minutes plusieurs fois par jour pour nous promener dehors, premier bénéfice, en plus de n'avoir aucun souci de route, deuxième bénéfice. Mais il semble que la société veut nous faire croire qu'en réalité nous perdons du temps ! Eh OUI, c'est vrai... nous perdons un temps précieux, celui pour être un humain. Installer ces paramètres nous offre cette qualité de vie que je souhaite pour moi et les futures générations.

LE MOINS QUI DEVIENT DU PLUS

Parfois je demande au Monde spirituel pourquoi nous, les humains, sommes si peu confiants, voire stressés et même angoissés. Mes guides estiment que nous sommes devenus trop dépendants du matériel. Tout est organisé maintenant de telle façon que l'humain n'arrive plus à manger si son compte en banque se trouve à découvert.

Jadis, lorsque les fins de mois étaient difficiles, les gens allaient au jardin déterrer quelques pommes de terre, des poireaux, des carottes, et ils faisaient une bonne soupe nourrissante. La plupart avaient des œufs ou du lait sous la main, ou alors les voisins les dépannaient de temps en temps. Ils pêchaient, « bouchoyaient » (dépecer un animal), cultivaient, et cela même s'ils avaient un autre travail que la paysannerie. Ils avaient de quoi se nourrir les jours où le porte-monnaie était vide. Je ne dis pas que c'était facile, mais que ces options existaient.

Aujourd'hui, les mouvements qui prônent la permaculture, même en milieu urbain, savent qu'un jardin communautaire nourrit un quartier entier. La terre prête et multiplie ses fruits et ses légumes sans intérêts. La plupart d'entre nous n'ont pas accès à un jardin, ou n'ont pas le temps de le cultiver, ou n'ont même pas ce savoir. C'est un dommage pour l'humanité.

J'observe, dans un autre sens, que tous nos enfants savent faire des calculs savants qu'ils n'utiliseront peut-être jamais parce qu'ils sont trop spécifiques. Pour une « petite » feuille d'évaluation en allemand, un étudiant se doit d'assimiler environ 800 mots. Les neuroscientifiques sont conscients que le bourrage de crâne détruit les neurones du cerveau. Pourtant, depuis des décennies, cela s'intensifie. Les enfants peuvent-ils être encore entiers au final ? Chez certains, il peut y avoir des dépressions aussi grandes que leurs savoirs. La dépression, c'est le corps qui est épuisé. Il n'en peut plus de jouer un rôle qui n'est pas le sien – paroles de l'acteur Jim Carrey que j'ai simplifiées.

Ce livre n'intente pas un procès au fonctionnement de notre société. J'ai conscience d'avoir participé, par mes bulletins de vote, à certaines choses aberrantes qui existent aujourd'hui dans nos lois. Je partage avec vous mes prises de conscience.

De la même façon qu'un trop-plein de connaissance peut stresser, le matériel peut rendre l'espace chez soi trop étroit. Je sais depuis longtemps que tout ce que l'on n'a pas utilisé dans nos maisons dans les deux dernières années sont des affaires que nous portons, énergétiquement parlant. C'est seulement après un jeûne thérapeutique que j'ai compris intérieurement la similitude par laquelle être encombré à l'intérieur de soi revient à être encombré dans sa maison.

Cela m'a donné enVie de trier notre maison. Ce déblaiement a allégé instantanément l'énergie de tout notre lieu de vie. Maintenant, j'aime quand il y a de la place dans mes armoires, même si je peux faire mieux.

Quand j'étais petite, on faisait encore deux fois par année les grands nettoyages. Le principe était simple: on nettoyait tout du sol au plafond et on triait le superflu. C'était utile, parce que les maisons étaient petites et que les familles étaient grandes. Après six mois, il semblait indispensable de désencombrer, afin de laisser de la place pour les habitants et non pour le matériel.

Une des expériences que j'adore et qui m'apprend beaucoup, c'est quand je pars à moto avec mon amoureux. J'aime voyager avec trois fois rien. Parfois, de nous deux, c'est moi qui ai le moins, mais je ne pense pas qu'il serait d'accord avec moi, car le luxe que je m'accorde dans notre Top-Case est mon sèche-cheveux...

Quoi de plus agréable que la légèreté? C'est un peu comme si vous entamez le pèlerinage de Saint-Jacques-de-Compostelle avec trois fois rien dans votre sac à dos. Durant votre marche, lorsque vous aurez enVie de dormir, une opportunité se présentera. Même scénario quand vous aurez faim. Oserons-nous tester ça? Dans une société où tout doit être contrôlé, c'est un défi que je nous suggère d'essayer. Le Divin, la vie nous accompagnent toujours pour toutes nos enVies, si c'est une réelle enVie pour nos avancées positives et non pour accumuler des peurs ou blocages supplémentaires.

La synthèse de cela? En diminuant le matériel, nous améliorons la nature et notre condition humaine. Nous cessons de générer des peurs de manquer.

Pour prendre conscience au quotidien de son comportement envers soi-même, une idée serait de réaliser comment on respecte la nature. La réponse révèle comment on se respecte soi-même.

En incluant ces connaissances dans ma vie, mon rapport avec la nature s'est intensifié, je me sens plus proche d'elle, je comprends mieux ses enVies. Je suis plus proche de moi, je comprends mieux mes enVies. Les cellules de la nature, nos cellules, sont les mêmes. Elles partagent et échangent entre elles comme celles de notre côlon et de notre cerveau.

La terre ne nous appartient pas, elle est là pour tous. Elle n'est pas une ressource d'argent, elle est la source de vie. J'adhère totalement à cette sagesse de nos anciens. À notre échelle, nous pouvons décider de changer beaucoup de paramètres. Ça commence par soi. Et comme une petite goutte qui tombe dans l'eau, le cercle qu'elle y dépose s'agrandit de plus en plus.

LE RESPECT PHYSIQUE

Je fais régulièrement des exercices physiques en semaine selon mes valeurs. Un peu de yoga, yin yoga, de la course, du vélo. Je m'amuse beaucoup avec des exercices en proprioception. Ce terme désigne les sensibilités profondes qui concernent les perceptions conscientes ou non de la position des différentes parties de notre corps. À force de ne pas utiliser toutes les possibilités de notre corps, il peut s'installer insidieusement dans nos capacités physiques des blocages. Qui dit blocage dans notre corps physique dit blocage dans notre corps psychique et spirituel.

Avoir la conscience de ce que l'on veut être dans un premier temps, puis utiliser toutes les possibilités de notre corps pour y arriver, est un moyen d'avancer très sympathique. Par exemple : j'ai enVie d'avoir de la souplesse d'esprit, mais je ne suis pas certain(e) de savoir quoi faire pour y arriver. Plutôt que de se torturer l'esprit avec ces pensées, des exercices d'assouplissements – partie physique – et de la médiation – partie spirituelle – peuvent débloquer cette notion à l'intérieur de vous. C'est bien plus simple que de « se faire du mal » à essayer de comprendre seulement avec sa tête – partie psychique.

En général, les personnes qui manquent de souplesse d'esprit manquent de souplesse dans leur corps. Comme par hasard, les sports qu'elles préfèrent sont ceux où il faut de la contraction musculaire et de la force. En quelque sorte, du contrôle de tout leur corps. Plutôt que de faire des exercices de musculation qui vont renforcer leur « dureté », je leur proposerais des exercices d'assouplissement et de décontraction. C'est le contraire pour ceux qui ont un manque de tonicité d'esprit.

Ce que je souhaite démontrer, c'est que nous avons toujours deux de nos trois parties qui peuvent venir en aide à celle qui est momentanément en panne. Ce qui existe dans une se trouve dans les trois, puisque nous sommes UN. Dans cette unité, il est nécessaire que nous ayons un juste équilibre entre le féminin et le masculin pour être UN, en pleine possession de toutes nos compétences.

Ce que j'aime bien avec la proprioception, c'est que l'on travaille toutes sorte d'exercices, comme l'équilibre, sauter en avant, en arrière, de côté, la souplesse, etc. Tout ce qu'il y a autour de nous peut devenir source d'amusement et de possibilités d'améliorer nos perceptions. Ce sont des sports urbains qui utilisent les petits murs, les escaliers ou les bancs publics. Nous pouvons jouer à inventer les exercices que nous pressentons avoir enVie pour atteindre nos objectifs d'équilibre ou de rééquilibrage.

J'aimerais compléter ce thème par une notion intéressante que le Monde spirituel m'a apprise à propos du féminin et du masculin.

Les énergies qui sont liées au féminin sont la puissance pour sa part physique et l'acceptation pour sa part psychique. La femme a la puissance d'entrer à l'intérieur d'une situation afin de la tester, l'éprouver complètement – acceptation. Une fois cela réalisé, elle décide si elle va prendre la situation telle qu'elle est, la transformer ou la changer.

Les énergies qui sont liées au masculin sont la force pour sa part physique et la volonté pour sa part psychique. L'homme a la force d'attraper une situation. Une fois cela réalisé, il la maintient autant que nécessaire – volonté – pour décider si la situation telle qu'elle est lui convient, s'il veut la transformer, la changer.

La femme naît avec une capacité de souplesse supérieure, parce qu'un jour elle donnera la vie. Pour le faire, tous les tissus de son bassin, mous ou solides, devront être distendus. Regardons comme tout est fait pour l'équilibre, elle a des contractions – masculin – pour donner la vie. C'est-à-dire que sa partie masculine doit être aussi là pour cette action.

L'homme naît avec une capacité musculaire supérieure à la femme parce qu'un jour il devra avoir la force de protéger la vie. Regardons comme tout est fait pour l'équilibre, il doit être décontracté – féminin – pour accompagner la naissance de la vie. C'est-à-dire que sa partie féminine doit être aussi là pour cette action. Voilà une idée qui nous permet de comprendre aussi pourquoi nous ne fonctionnons pas toujours de la même façon.

Ce qui m'intéresse en partageant cet enseignement, c'est que nous pouvons imaginer dans nos exercices physiques réguliers si nous avons enVie de puissance et d'acceptation. Il peut être adapté de travailler avec des exercices féminins comme la souplesse, la décontraction. Alors que si nous désirons la force et la volonté, il peut être adapté de travailler avec des exercices masculins comme la dureté et la contraction. Cela dépendra du but visé. Quoi qu'il advienne, femme ou homme, nous sommes tous faits pour avoir les deux énergies en nous, sans quoi nous ne serions pas équilibrés.

QUESTION DE TÊTE

Nous retrouvons des sensations avec notre corps, que nous maîtrisons à nouveau. Il en va de même avec notre tête puisque nous sommes un entier.

Pour rappel, notre partie psychique est composée de neurones qui ont elles-mêmes du rationnel et de l'émotionnel. Intéressons-nous au rationnel pour commencer.

Le rationnel de notre partie psychique est notre « banque de programmations ». Son rôle est de nous maintenir en vie grâce aux programmes qu'il contient. Pour ce faire, il nous impose le programme qui existe dans sa banque, et qui semble le plus adapté à la situation que nous vivons. Que se passe-t-il vraiment ?

En situation – et nous en vivons à chaque instant – nos pensées, afin de trouver le bon programme, bombardent littéralement notre rationnel de questions. C'est ce qui permet au rationnel de trouver LE bon programme à la situation du moment. Ces questionnements représentent environ 90 % de la totalité de nos pensées. Nous ne pouvons pas nous appuyer sur ces 90 % puisque c'est uniquement un processus d'analyse qui recherche le « bon » programme.

Cela peut être les pensées que vous avez en lisant ceci. Essayons pour nous amuser un peu : « Attends, elle me raconte quoi là ? Est-ce fondé ? Mais non, c'est le Monde spirituel qui lui a appris cela ? Ça ne peut pas être vrai ? Bon, mais disons que ça semble logique... Puis-je vraiment me fier à ce qui est écrit ? Si oui, suis-je en danger avec ce que je lis ? » Etc.

Tout ça dans quel but ? Pour que notre rationnel nous présente LE fameux programme qui nous dira si oui ou non nous pouvons évoluer agréablement avec la situation du moment, ou réagir et changer des choses. Quand il a trouvé LE programme, il demande à notre émotionnel de nous transmettre une émotion dans notre corps physique, qui nous fera réagir d'une manière ou d'une autre.

Les deux utilités de ces 90 % de la pensée sont : en premier, ce qui est plutôt très positif, chercher la vérité, remettre en question afin d'évoluer, de se transformer. La deuxième, un peu moins sympathique, enclencher nos schémas répétitifs – les programmes que nous aimerions modifier. Dans cette deuxième utilité, notre rationnel à sa façon cherche à nous maintenir dans une zone de sécurité. Ce qui revient à dire pour lui de maîtriser tous les paramètres. Sa mission est de nous conduire vers les solutions qu'il connaît. Car même si ce n'est pas un programme « optimal », celui-là, il sait le gérer !

Pour information, une fois que je reçois un enseignement du Monde spirituel, je l'éprouve pleinement, puis je vais chercher la véracité du sujet en question. Là c'est en neuroscience que j'ai reçu la confirmation de ce que je vous écris. Ce fabuleux cerveau est notre meilleur allié pour faire nos expériences d'âme sur terre.

Je me souviens de cette dame qui s'était inscrite à l'un de mes cours. Dans sa vie professionnelle, elle faisait des massages. Pendant son travail, elle ressentait des informations de l'invisible. Elle voulait, en prenant ce cours, être certaine que c'était cela et elle se demandait si elle pourrait utiliser ces informations pour ses clients. Le jour du cours, elle est arrivée avec vingt minutes de retard. Elle n'avait pas vu la bifurcation pour rejoindre notre lieu de rendez-vous. Cette personne était très gênée de son retard et se sentait mal à l'aise. Je lui ai alors proposé une expérience afin de montrer comment notre rationnel peut nous tromper au moment de changer de programme. Elle a accepté. Pour ce faire, je lui ai posé des questions : « Est-il vrai qu'au moment de votre inscription, vous ne saviez pas si ce cours était bon pour vous ? » « Oui. » « Vous aviez peur d'une certaine forme de charlatanisme ? » « Oui. » « Et ce matin, lorsque vous vous êtes préparée pour venir, vous n'étiez toujours pas certaine que ce cours était adapté à ce que vous recherchiez ? » « Oui. » Dernière question : « Est-ce que c'est juste si je dis que lorsque vous aviez cinq à sept minutes de retard, votre tête vous a dit que c'était un signe ? Que ce cours n'était peut-être pas le bon pour vous ? » « Ouiiiiii » m'a-t-elle répondu avec le sourire. « Voilà comment notre cerveau peut avoir une influence sur nous », lui ai-je répondu. Son rationnel l'avait tellement « excitée » avec ses multiples programmes de peurs différentes qu'elle était dans une énergie de déstabilisation. De ce fait, elle ne voyait pas la route qui menait à notre lieu de cours. Elle passait et repassait à cet endroit, mais ne voyait pas où il fallait tourner, jusqu'au moment où son rationnel lui a dit : « C'est un signe... »

Lorsque nous avons acquis des programmes dans notre rationnel, ils nous ont arrangés dans nos avancées. Puis arrive un moment où, dans notre évolution, ils ne nous correspondent plus. Ils sont dépassés et leur mise à jour constante réclame l'attention et la concentration d'une vie entière. Je le compare à un ordinateur qui contient des programmes que j'aime et d'autres obsolètes.

Parfois des personnes me disent : « Quand est-ce que je vais pouvoir me reposer ? J'en ai marre de toujours devoir travailler sur moi. » Je réponds que faire des expériences est la raison de notre venue sur terre. À partir de cela nous avons le choix. Nous rebeller ? Cela complique singulièrement notre vie. L'accepter ? Cela lui donne un relief plutôt sympathique. Pensez à la joie d'acquérir ou de reconquérir cela pour vous-même. Faire avec notre rationnel ou contre.

Voici le déroulement des choses. En premier nous ressentons que quelque chose nous dérange. Ensuite nous prenons conscience de ce que notre rationnel est en train de dire. Nous lui reformulons ce qu'il a dit, pour terminer en énonçant ce que nous souhaitons à partir de maintenant.

J'arrive même à m'amuser de mes points faibles quand je remarque que mon rationnel a réalisé que je l'ai démasqué dans son schéma. Je ne ferme pour autant pas la porte à être aidée, car il y a des expériences plus grandes que d'autres à acquérir.

Quand j'ai quelque chose à changer, je commence déjà avec ce que je connais. Puis je me retrouve au cœur de l'expérience. C'est là où je me tourne vers mes personnes-ressources. Thérapeutes de psychologie ericksonienne, guérisseurs, médecins chinois, spécialistes en acupuncture, ostéopathes, naturopathes... Bref, je me dirige vers ce que je ressens comme bon pour moi. Mes critères sont d'être en présence d'une personne avec qui je me sens bien et qui aime ce qu'elle fait. Quelqu'un que je ressens en harmonie avec lui-même et son travail.

Haut les cœurs! Faisons ce que notre âme est venue chercher ici, et essayons de nous en amuser au maximum, car rien de grave n'est caché là derrière, juste des avancées pour être mieux.

L'ESTIME DE SOI

L'estime de soi, c'est de pouvoir se tenir droit face à soi-même en amour inconditionnel. Je me mets devant un miroir, je regarde cette femme des pieds à la tête. Je me complimente: «Je t'aime à travers ce que tu as traversé. Je suis une bonne personne.» J'apprécie mon physique, ce que j'ai dans ma tête, dans mon cœur. Si j'étais sans relief, je serais inhumaine. Je préfère rire de mes imperfections. Je n'essaie même plus d'être parfaite, cela complique ma vie. Avant, je pense que je me suis beaucoup demandé la perfection. Je me fatiguais toute seule avec ce comportement. Quand j'écris ça maintenant, c'est une évidence.

Lorsque je me sens à l'aise dans mes pensées, mes sentiments, si la globalité me plaît, je suis contente avec moi-même. J'agis toujours du mieux que je peux sans embêter personne de façon consciente. Lorsque cela survient, je demande à mon interlocuteur de m'en alerter au plus vite. Cela m'offre la chance de me corriger et de comprendre ce dont je n'avais pas encore conscience.

La vie propose cette évolution constante. Grâce à elle j'apprécie la femme que je suis. Pour y arriver, le chemin propose plein d'expériences riches en enseignements. Quand je voulais que mon parcours de vie soit parfait, c'était régulièrement difficile.

Quand j'ai accepté qu'il ne serait jamais rectiligne, je l'ai adoré et j'ai commencé à m'amuser. Mais il m'a fallu passer le cap des 30 ans pour commencer à y travailler.

À 47 ans, plein de choses me semblent aller de soi. En plus, je me trouve déjà très lente par rapport à mes filles alors que, peut-être, mes parents estiment que j'ai évolué très vite au regard de leurs parcours.

L'estime de soi est égale au respect que vous vous accordez, je crois. Quand vous ne vous en donnez pas, c'est comme mettre de l'argent dans un sac en toile. Vous voulez économiser alors que, au fond, il y a un petit trou qui laisse s'écouler vos sous. Même si vous les avez mis de côté, ils repartiront parce que vous avez voulu les gagner pour être plus puissant, plus fort que les autres. Ils resteront si vous les récoltez en réalisant des choses qui vous plaisent, que vous aimez et qui vous remplissent de tout ce que vous êtes. Dans mes cours, j'encourage mes élèves à recoudre le petit trou au fond du sac avec une couture qui dirait: « Respect de moi-même. »

DÉCIDER DE SA PROPRE ÉNERGIE

Il arrive que les personnes fassent appel à moi en me téléphonant spontanément dans le but d'avoir des renseignements en médiumnité. C'est une pratique que je ne fais pas. Sauf pour des consultations qui ont un rendez-vous, où j'ai pu me préparer et faire la connexion avec le Monde spirituel dans le but d'exécuter une réelle consultation.

Parfois, face à la situation décrite par téléphone, je donne une ou deux idées innées, mais je n'aime pas le faire. Je ne suis alors pas en médiumnité et je le dis clairement. Il y a aussi des personnes qui me demandent de les aider lors d'une situation stressante. Je pense notamment à une dame, fragilisée par certains événements, qui devait passer un entretien professionnel. J'ai demandé au Monde spirituel de lui apporter plein d'énergie pour qu'elle puisse s'y rendre en toute quiétude. Cela s'est assez bien passé. C'était un service que je lui avais rendu. Du coup, elle a commencé à m'appeler une fois par semaine. Il m'a fallu alors lui rappeler sa propre force afin qu'elle ne s'en remette pas à quelqu'un d'autre et de mon côté je n'étais pas en accord pour devenir son médicament.

Si je vous pose la question: «Cela vous tenterait d'aller chercher à l'intérieur de vous où se logent vos énergies? Vous auriez la possibilité de vous débrouiller seul à tout jamais?» Vous me répondriez par un «Non»? Je ne pense pas! Vous reprendriez les rênes de votre vie en mains, pour faire et être comme vous le souhaitez.

J'ai aussi eu quelqu'un d'hypocondriaque qui m'a énormément téléphoné. Au moindre souci, elle croyait souffrir d'un cancer. Cela pouvait aller jusqu'à quatre téléphones par jour. Si je ne lui répondais pas, elle mandatait sa famille et ses amis pour prendre le relais jusqu'à ce que je décroche. Aussi gentille et adorable soit-elle, j'ai fini par lui dire combien je l'aimais, mais qu'elle fatiguait tout le monde avec ses peurs. J'ai ajouté que je pensais qu'elle était hypocondriaque, que c'était très lourd et que parfois je n'avais pas envie de prendre ses appels. Je souhaitais qu'elle comprenne aussi qu'il y avait la possibilité que je sois désagréable. Elle était en accord avec tout ce que je lui ai dit et a entendu mon message. Elle a agi autrement. Je me devais d'être claire. Elle était arrivée à un moment où elle avait un peu plus de force pour reprendre son propre pouvoir en main. Sa situation pouvait être délicate. Pourtant elle ne pouvait plus continuer ainsi. Tout cela dans le but de vous expliquer que c'est à vous de mettre en place ce que vous croyez juste, afin que votre énergie soit à votre service et à celle des autres si c'est votre souhait. Si vous ne le faites pas, vous serez toujours sans respect pour vous-même et donc sans respect pour les autres. Quoi que vous choisissiez, ce sera critiqué, alors restez vous-même car dans votre propre force, vous pourrez apporter plein de belles choses à votre entourage proche, ou plus large si enVie.

FÉMININ – MASCULIN – ACCEPTATION DE NOS EXPÉRIENCES

Depuis que j'ai commencé à suivre des cours ou à en donner, j'ai vu progressivement monter la participation masculine. À présent, elle compose le tiers des personnes qui s'inscrivent. Il y a beaucoup de changements. Les hommes osent enfin s'ouvrir à ce genre de pratiques – que l'on pourrait qualifier de «féminines» – sans se déprécier. De notre côté, nous les femmes, nous ne nous rendons pas compte à quel point nous avons été conditionnées dans l'utilisation de notre part masculine. Insidieusement, nous y sommes «encouragées». Je me souviens des cours de piscine, lorsque j'étais adolescente. Il n'y avait pas d'excuses pour les filles qui avaient leurs lunes. «Tu ne vas quand même pas manquer la piscine pour ça!» Toutes les filles mettaient un tampon et y allaient.

Des années plus tard, mon assurance maladie me réglait les services d'une spécialiste qui venait chez moi garder mes enfants s'ils avaient des problèmes de santé. Et cinq heures après ma demande, quelqu'un pouvait être chez moi pour me permettre de me rendre à mon travail!

À l'époque, j'appréciais cette possibilité. Ainsi, je répondais aux attentes de mon employeur même si je rencontrais un problème familial. Aujourd'hui, jamais je ne laisserais une professionnelle, aussi bien formée soit-elle, assurer le rôle de femme-maman à ma place. Parce qu'alors j'utiliserais ma partie masculine avec comme mot d'ordre: la volonté et la force.

Ce genre de prétendues «facilités» vous prive d'être une femme et vous transforme en homme, celui qui confie ses enfants à son épouse et continue son travail pour protéger la vie en rapportant de l'argent.

Lorsque les filles sont en âge d'avoir des relations intimes, souvent le discours est encore: « Prends la pilule ! » Ce qui revient à dire: « Détruis ton corps et porte le poids de la sexualité pour nous deux afin de ne pas enfanter ! » « Le plus important c'est de ne pas enfanter trop tôt ou ce sont les maladies sexuellement transmissibles ? » « Les deux, mais enfin, prends déjà la pilule et après n'oublie pas de faire en sorte qu'il mette un préservatif !... » Aujourd'hui il existe des cours SIPE (pour sexualité, information, prévention, éducation) dans nos écoles pour jeunes adultes qui prônent cela. Ils ne réalisent pas les messages qu'ils envoient aux jeunes filles. De plus, ils minimisent les effets des contraceptifs hormonaux parce que soi-disant « ils sont bien plus évolués que ceux d'il y a vingt ou trente ans ». Heureusement les jeunes hommes de notre époque ont des mamans qui leur expliquent ce qu'elles ont vécu.

Toutes ces distorsions devenues socialement inconscientes entre le féminin et le masculin provoquent des transformations de rôles. Qu'est-ce qu'on nous demande dans cette énergie encore bien masculine de notre monde ? Nous les femmes sommes conditionnées à être comme des hommes et surtout à ne pas montrer nos émotions. Alors que nous en avons naturellement plus, et à fleur de peau. Pourquoi ? Nous portons des enfants. Ces petites cellules qui grandissent dans notre ventre deviennent des humains. Elles ont besoin des pleurs, de la joie, du pétillement, de la tristesse ou de la quiétude... de leur mère pendant la grossesse.

Les hommes peinent à trouver de nouveaux repères avec leur partie féminine qui n'a que peu le droit d'exister... car elle entrave la production ! Et c'est le plus important pour les dirigeants et l'avenir de nos pays !... Mais pas pour vous, l'être que vous êtes !

Dans mon enseignement, j'aime doucement mélanger les deux à parts égales chez chacun d'entre nous. Quand je suis allée chez les Algonquins[4], ils m'ont rappelé quelques évidences et quelques subtilités dans la répartition des rôles. Pourquoi

4 Peuple autochtone comprenant neuf communautés situées au Québec et une en Ontario.

est-ce important ? Rappelons-nous que nos âmes sont venues faire des expériences et que pour cela, elles ont choisi tous les futurs paramètres de nos vies, comme le sexe.

À la base, un homme donne une graine et la femme la reçoit. Maintenant, vous savez que donner est masculin et recevoir féminin. La femme qui a reçu cette graine va fabriquer une vie avec sa propre vie. L'homme qui a donné cette graine pour qu'elle devienne une vie va faire en sorte de la protéger. Attention, je ne parle pas ici des doubles esprits qui sauront traduire cela et savoir ce qui en est pour eux de leur rôle dans leur vie. Ils ressentent naturellement leur rôle intérieurement. Ce sont ces deux énergies dont je parlais.

En fonction du sexe et des expériences que nous vivons, cela change l'émotionnel et les rôles choisis par notre propre âme. Cela ne signifie pas que l'on revient en arrière avec les femmes à la maison et les hommes au boulot. Je fais référence à l'essence profonde de nos cellules que nous écoutons pour ne pas être à côté de qui nous sommes, ne pas jouer un rôle qui ne nous convient pas et ne nous concerne pas.

Les hommes et les femmes sont capables d'assumer ce que la vie leur demande de féminin ou de masculin. Tour à tour, l'homme ou la femme peuvent sortir de leur « rôle principal » lors de situations particulières. Mais cela ne devrait être que pour un temps déterminé, dans un but précis, puis s'arrêter.

Dans un couple, la femme sait donner, c'est dans ses mémoires cellulaires, elle donne naturellement (la vie). En venant sur terre, elle vient apprendre à recevoir sans crainte qu'on fracasse son intérieur, dont elle a besoin pour fabriquer la vie. L'homme, lui, sait recevoir, c'est dans ses mémoires cellulaires, il attend naturellement que les choses lui soient données (la vie). En venant sur terre, il vient apprendre à donner sans crainte d'être dépossédé de ce dont il a besoin pour protéger la vie reçue.

L'AMOUR DE LA BISONNE ALPHA

Chez les Amérindiens, une femme qui a ses lunes n'est pas obligée de travailler. C'est l'homme qui s'occupe alors des enfants, il fait la cuisine et tient le ménage. Il exécute des tâches de femme sans que cela ne le dérange. Durant ces périodes, la femme peut aller dans une « maison de lune » se reposer et réaliser des créations artistiques. Elle laisse passer la lumière par ces petites fissures que les lunes engendrent momentanément.

Hommes, femmes, nous sommes côte à côte pour nous soutenir, sans renier les particularités liées à nos sexes respectifs ou ce que l'on ressent juste pour nous-mêmes.

Quand je suis allée voir les Algonquins, c'était clairement un cadeau que je m'offrais à moi-même. Je suis forcément revenue avec une plus-value humaine. Chez eux, je me suis reconnectée avec la partie de moi qui sait exactement à quoi sert le féminin et à quoi sert le masculin. Je crois que j'ai rééquilibré ma partie féminine avec ma partie masculine, ce qui rend mon énergie bien plus nette.

Avant de partir, j'avais déjà entamé cette évolution. J'avais déjà cessé d'être intérieurement un « garçon manqué » et j'avais récupéré une partie de ma féminité en donnant naissance à mes enfants. Puis le chemin s'est fait petit à petit. Chez les Algonquins, je suis née avec l'équilibre masculin/féminin. C'était la dernière phase de cette transformation.

Ma rencontre avec cet animal majestueux qu'est la bisonne alpha y est pour beaucoup. Elle m'a regardée et m'a livré un enseignement. Cela a duré quelques secondes d'un temps infini et intense où elle m'a appris à me positionner. D'autres petites bisonnes essayaient de s'approcher. D'un coup de tête, elle les remettait à leur place. « Pas question de vous mettre ici, pour le moment, c'est moi ! Si vous vous faites attaquer, cela sera aussi moi devant jusqu'à ce que vous soyez prêtes. Vous êtes sous ma protection... »

Autour de moi, les autres participants s'extasiaient autour du bison alpha qui était immense et magnifique. Moi, je ne voyais qu'elle. Je me suis agenouillée pour être à la hauteur de sa tête qu'elle avait baissée. Elle n'a pas bougé, je n'ai pas bougé... Nous avons juste partagé un instant par l'intensité de son regard qui m'a saisie. Elle m'a enseigné que la puissance d'être une femme, c'est d'être dans l'acceptation de ce qui existe. De là, elle peut changer des choses. L'homme, c'est la force et la volonté de faire se transformer les choses. Nous avons besoin des deux, c'est complémentaire en nous et entre nous. La bisonne m'a appris tout cela dans un amour pur, divin, incommensurable. J'y avais déjà travaillé et je comprenais encore comment l'améliorer grâce à mon séjour chez les Algonquins. C'est la synchronicité entre tout ce que j'avais déjà fait et le bon temps pour apprendre qui m'a permis d'être prête à cet amour. Sur le moment, c'était si puissant que je n'ai pas pu le formuler. Je me suis exprimée plus tard, devant tout le monde et devant Dominique Rankin, alors que j'avais le bâton de parole en main. Je l'ai juste vu fermer les yeux, avec une certaine pudeur, et faire un signe d'approbation de la tête.

MA VALEUR – LA VALEUR DES GUÉRISONS PUBLIQUES

Pendant les sessions de guérison publique, plusieurs guérisseurs et guérisseuses se placent au centre de mon atelier avec un siège devant eux. Dès qu'une chaise se libère, une personne peut s'y installer, et recevoir l'énergie de guérison. Aucune information n'est échangée. Il serait déplacé de commencer un dialogue privé alors que d'autres attendent ou reçoivent leur guérison. Les conversations dérangeraient les guérisseurs, qui restent dans un état de conscience modifiée durant deux heures. Les guérisons publiques existent parce que, à un moment de ma vie, j'ai dû apprendre à donner une valeur à mon métier. En Angleterre, j'avais un professeur super, Steven Upton, qui m'a donné un avis très clair sur la question de la médiumnité gratuite: «Il n'y a pas de problème, ne demande rien, Céline, et meurs de faim!»... Ha, les Anglais et leur humour, je les adore.

À cette époque, je travaillais comme maîtresse socioprofessionnelle. Comment agir? Garder cette place fixe et socialement reconnue juste pour payer mes factures? Pratiquer la médiumnité comme un loisir dans mes rares moments de liberté? À cela je pensais: «Je veux vivre ce que je crois juste pour moi. C'est aussi simple que ça.» Les deux à la fois: le jour le travail rémunéré et la nuit la médiumnité. Ça aurait été une aberration.

Quand Steven m'a délivré son «conseil», je n'accordais pas encore ma valeur à la médiumnité. En arrière-plan dans ma tête, il y avait ces discours de société qui répètent qu'il n'y a pas de diplôme, de bachelor, de doctorat, etc., donc que cela ne vaut rien. Pourtant ce don, je le travaille, je l'améliore, j'y consacre du temps et de l'argent. Il a une valeur et détient en lui la vie que je pressens juste pour moi.

C'est une étape importante de devoir estimer ce qui est «juste» pour soi. Cela a toute son importance lorsque nous comprenons que nos compétences plafonnent à la même valeur que nous leur donnons. Je vous invite à y songer, surtout si l'on aime ce que l'on fait et que nous avons enVie d'améliorer nos compétences.

À ce moment-là, j'ai créé cette contrepartie où chacun(e) vient recevoir de l'énergie de guérison dans mes sessions publiques, et donne sans obligation ce qu'il veut. J'avais enVie d'accepter l'expérience que la vie me présentait. J'avais été éduquée dans l'idée qu'un don ne devait pas être payant. Mais, dans mon cas, j'étais seule avec deux enfants. Je savais que la médiumnité serait mon travail fixe un jour.

Pour commencer, je mettais en place les guérisons publiques et je devais accepter de recevoir un prix convenable pour mes consultations. Les guérisons publiques me semblaient justes afin que chaque personne puisse accéder à cette énergie. Qu'importe la grandeur de son porte-monnaie.

Depuis plus d'une quinzaine d'années, j'ai ouvert ces sessions à raison d'un samedi matin et un mardi soir par mois. Cela m'a permis d'équilibrer le thème, de donner et de recevoir. Il est tout aussi important d'apprendre à recevoir – féminin – que donner – masculin. Je le précise car dans mon éducation chrétienne, j'ai surtout appris à donner. C'est une belle valeur, certes, mais elle s'équilibre totalement avec recevoir.

Ces sessions de guérisons ont généré plus de prises de conscience que ce que j'avais imaginé. Les personnes viennent recevoir de l'énergie de guérison et les guérisseurs et guérisseuses reçoivent l'opportunité de pratiquer et de se développer. Ce n'est plus seulement moi qui m'équilibre, mais toutes les personnes présentes.

Ça fait partie de cette superbe énergie divine qui se développe pendant les guérisons publiques et qui apporte cet équilibre à tous. Dès que je les ai mises en place, elles ont immédiatement trouvé leur succès. J'ai compris pourquoi avec le temps. C'est issu de cet équilibre énergétique. Cette action a changé mon regard sur le thème de l'abondance. Générer ou recevoir l'abondance, pourquoi elle reste ou repart: c'est lié au respect que j'ai pour moi-même qui naît de l'équilibre entre donner – masculin – et recevoir – féminin.

PRENDRE SON TEMPS

Après la mise en place de ces guérisons publiques, j'ai très vite compris que je devais aussi avoir une structure pour mon temps. J'avais un travail fixe à 50%, un bon 40% de médiumnité, ainsi que mes stages et guérisons publiques. Tout cela sans compter le plus important, mes filles et moi.

La « règle des trois 8 » – mentionnée plus en avant – était largement dépassée. Je devais remettre de l'ordre dans ce qui n'était pas en adéquation avec une vie saine. Je ne parle pas ici des « coups de feu » qui arrivent lors d'un projet et qui apportent des débordements. Pour des temps déterminés, c'est tout à fait réalisable. Pour une vie entière, ça ne l'est pas. Être maman, avoir deux emplois et avoir enVie d'évoluer dans tous les domaines valaient bien des réflexions.

Pour moi, la médiumnité ne se fait pas entre deux portes, vite fait bien fait. Je pense que c'est un moment spécial dans la vie de quelqu'un. La personne qui va consulter un(e) médium fait cette démarche dans un moment très précis, voire délicat de sa vie. Je savais que je voulais recevoir les personnes avec un temps réel à leur accorder, hors de mon rôle d'une maman ou de mon ancien travail fixe. J'ai pris un agenda et j'y ai inscrit toutes mes activités, impondérables et désirs. Grâce à cela, j'ai vu concrètement le temps qu'il me restait à proposer. À partir de ce document, j'ai créé mon organisation. Le plus compliqué est de suivre ce programme. Surtout quand on travaille avec l'humain, les émotions, et soi-même. J'ai dû réaliser ce qui m'importe dans tous les aspects de mes décisions, comme la qualité, la quantité et l'humanité. J'ai dû apprendre que cela passait par moi. Une fois de plus, j'avais de quoi faire une expérience pour évoluer.

C'est là que j'ai pris la meilleure décision de toute ma vie. J'ai décidé de ne faire qu'une chose à la fois. Quoi qu'on me dise, quoi qu'on souhaite de moi, une chose à la fois, selon mon rythme et mes possibilités.

Être une maman, une amoureuse, une fille, une sœur, une amie, une copine, une connaissance, travailler, continuer d'intégrer des nouvelles données, faire du sport, des projets, des hobbies, etc. Une chose à la fois. Depuis, je suis bien plus efficace et plus calme. Cela me permet d'avoir la qualité que je crois juste, pour moi et pour les autres, ainsi que d'intégrer ce que la vie m'enseigne. Voici un de ses apprentissages.

Je me souviens d'une maman qui m'a contactée au sujet de son fils décédé. Cette dame, toute à fait saine d'esprit, insistait beaucoup par messages pour un rendez-vous. Ce que je pouvais comprendre, vu la gravité de ce qui lui arrivait. Quelques messages plus tard, j'apprenais que son fils n'était plus depuis six ans et qu'elle vivait un moment difficile. J'acceptais son empressement car j'ignorais sa réalité. Nous sommes convenues d'une date pour nous rencontrer.

Comme pour chaque personne, je lui ai précisé le prix de la consultation et mon adresse. Elle m'a répondu par un message agressif: «Il n'y a que l'argent qui compte pour vous...» J'ai laissé dire, sans répondre, je l'ai ressentie bousculée dans ses émotions.

Le jour de son rendez-vous, avant de commencer la consultation, il me fallait mettre ce qui s'était passé à plat. Le but de cette action? La qualité du travail que je souhaite pour cette maman qui vit des moments difficiles et pour moi qui ai enVie d'être fière de mon travail. Sans cela, la consultation aurait commencé avec une pointe de fâcherie qui existait depuis son dernier message.

Je me suis montrée bienveillante et claire. «Le message que vous m'avez envoyé n'était pas très sympathique. Je vous en parle ici, afin de pouvoir vous faire cette consultation dans les meilleures dispositions. Je me suis abstenue de le faire par SMS car cela aurait pu vous bloquer encore plus. Pour information, je précise d'emblée mes conditions à tous. La réaction que j'ai reçue en retour était irrespectueuse. Je ne veux pas commencer votre consultation sur cette base. Je pense que vous souhaitez recevoir le meilleur parce que vous m'avez mobilisée pour cela.»

Elle était en face de moi, elle a compris que je ne l'embêtais pas. C'était ses émotions qui avaient réagi trop vite! À qui cela n'est jamais arrivé?

Nous avons fait la consultation. Je ne me rappelle évidemment pas ce qui s'est dit – c'est le cas pour la plupart de mes consultations – mais il me reste l'impression d'une énergie merveilleuse et décontractée. Bien entendu, ce serait à elle de dire si ça lui a convenu.

Encore un apprentissage, n'est-ce pas? Savoir dire les choses justes, même si elles sont difficiles à exprimer. Avec respect et amour, dans le but que la qualité de notre travail soit comme nous le souhaitons pour nous, et pour l'autre. La poudre magique pour cela, je le répète, c'est de prendre son temps. De faire une chose à la fois, cela régit la bonne vitesse de notre être. Cela nous permet d'intégrer au quotidien ce que la vie, en partage avec le Monde spirituel, nous enseigne.

Vous savez, j'entends régulièrement des personnes dire qu'elles n'ont pas le temps! Ce sont très souvent ces mêmes personnes qui pensent ne rien ressentir du Monde spirituel. Peut-être vivent-elles à une vitesse trop grande... Peut-être qu'elles sont bien contentes de ne pas être obligées de mettre à plat les sujets qui mettent mal à l'aise... et si nous y réfléchissons, peut-être que ce n'est que trente secondes d'un «grand moment de solitude», et que le respect de notre bonne vitesse sera en place...

POUR UNE PRATIQUE SINCÈRE

Comme dans tous les métiers, le mien attire des praticiens sincères, et d'autres qui le sont moins. D'ailleurs, on m'a déjà attribué le qualificatif de «charlatan»...

Un charlatan, pour moi, n'a pas de réelles compétences médiumniques. Souvent, il promet d'obtenir un résultat très précis du moment que vous y mettez le prix. Il garantit le retour de l'amour, l'argent et même la santé. De par vos connaissances, vous savez déjà que c'est impossible car personne d'autre que vous ne peut réaliser cela. Le Monde spirituel ne serait jamais d'accord de vous priver de vos expériences pour lesquelles vous êtes venu sur terre. Imaginez un enseignant qui ferait les calculs ou la dictée de son élève. Il ne serait pas très pertinent dans son métier!

Comment repérer les médiums sincères des imposteurs ? Cela commence par soi. Souvenons-nous que nous avons trois parties : physique, psychique, spirituelle. Quoi qu'il se passe dans notre vie, elles agissent en interaction continue avec nous. Elles nous fournissent des indications en permanence. C'est ce que nous pouvons appeler le bon sens. Tout le monde a du bon sens et l'écouter est très important.

À Lausanne, un prétendu « médium en guérison » qui avait pignon sur rue se permettait des attouchements sexuels. C'était pour de la guérison, selon lui. Vous comprendrez ce que je veux dire par bon sens avec cet exemple. Je sais que lorsque nous sommes fragiles, il est plus difficile de l'écouter, alors faites-le encore plus si vous êtes dans une période délicate, ne laissez rien passer. Choisissez une personne-ressource qui ne laisse planer aucun doute sur son intégrité.

Je souhaite parler aussi des médiums qui font un excellent travail mais qui ne conviennent pas à tous. Ou, a contrario, des médiums qui reçoivent un(e) consultant(e) peu sincère avec elle-même et sa démarche. Cette personne vous démonte, tout au long de sa consultation, parce qu'elle ne peut rien entendre à ce moment-là. Elle n'aimerait entendre que ce qu'elle veut ! Elle vous traitera de charlatan à la sortie. C'est du vécu.

Pour vous, les médiums. J'insiste sur le fait d'avoir une structure bien installée qui vous permette de pratiquer la médiumnité dans les meilleures conditions. Ainsi vous serez stable et la personne que vous désirez être. Le don d'être en contact avec le Monde spirituel peut être perçu comme un mystère pour la personne qui vient en consultation. Nous parlons de quelque chose d'invisible. De ce fait, nous devons être encore plus précis, pour ne pas inquiéter le ou la consultant(e).

C'est pour cette raison exacte que j'expliquais un peu plus en avant qu'il est important d'avoir du temps pour faire une consultation à quelqu'un (je tiens à dire pour les consultant(e)s que c'est tout aussi important d'avoir un vrai temps pour recevoir). Nous recevons des personnes qui peuvent être dans des moments difficiles de leur vie. Si nous ne sommes pas la stabilité, la bienveillance, l'amour, la compréhension, la force tranquille, etc., qu'apporterons-nous ?

J'aime mon métier de médium. Je souhaite vivre cette compétence dans une vie stable et heureuse et non dans la déstabilisation et la tristesse. C'est pour cela que je ne réponds pas aux demandes irréelles, qui entraîneraient de la souffrance supplémentaire pour la personne qui vient me consulter et en engagerait chez moi.

J'illustre cela par un exemple de mon quotidien. Je reçois un téléphone d'une dame. « Un médecin de Neuchâtel m'a donné votre numéro. Il souhaite que je vienne chez vous car il semblerait que j'ai des choses qui sont bloquées en moi. » « Que puis-je faire pour vous ? Vous aimeriez de la guérison ou un contact médiumnique ? » « En fait, mon beau-père – le mari de ma maman – est décédé en 2009. Il m'a gardé une somme d'argent qu'il a cachée chez moi et je ne la trouve pas. » « Vous téléphonez pour savoir où est cet argent ? Vous pensez qu'en venant chez moi, votre beau-papa, qui est dans le Monde spirituel, pourrait vous dire où il se trouve ? C'est ce que vous souhaitez recevoir en venant chez moi ? » « Oui ! »

À ce moment-là, je réalise qu'elle à un blocage avec l'abondance dans sa vie. Je pense que si elle vient chez moi, son beau-père ne va pas lui dire où il est. Par contre, il va sûrement lui donner plein d'informations pour l'inciter à reprendre son propre pouvoir afin de laisser l'abondance entrer dans sa vie.

Je lui réponds avec bienveillance et de façon compréhensible. « Il me semble que votre beau-papa vous expliquerait plutôt comment laisser l'abondance entrer dans votre vie si vous venez chez moi. » « Ah oui, parce que justement j'ai des problèmes d'argent… et au travail… »

Oups, pensais-je, c'était bien juste… J'ai conclu avec cette dame en ces termes : « Je vous donne votre information tout de suite. Je ne souhaite pas être payée pour cela. Ensuite, vous raccrocherez votre téléphone et vous réfléchirez si vous pensez que je peux vous être utile. Je ne fais pas ce travail par téléphone. Votre argent, vous le trouverez le jour où vous serez en paix avec ce sujet. » « Pardon ? » « Oui, l'abondance dans votre vie, lorsque vous vous transformerez pour la laisser entrer dans votre vie, cet argent, vous le retrouverez. Je suis certaine qu'il n'est pas perdu. Il n'est pas fou, votre beau-papa. Pourquoi aurait-il mis ça dans un endroit que vous ne pourriez pas retrouver ? Je ne pourrai pas changer à votre place ce qui vous empêche l'abondance. Je peux vous accompagner si vous vous sentez à l'aise avec moi. La bonne nouvelle, c'est qu'une fois ce travail fait, vous aurez l'abondance dans tous les domaines de votre vie. »

Vous l'avez compris. Je ne cherche pas à être une maman de substitution, ni une béquille pour ceux qui veulent s'appuyer sur quelqu'un dans l'espoir de ne pas être obligés de se transformer, car c'est impossible. C'est bien souvent des personnes dans cet espoir qui nous traitent de charlatans, car elles sont très fâchées avec nous d'avoir « osé » dire clairement ce qui les embête. Au final je sais que je n'ai berné personne – ni elle, ni moi – et que je n'ai pas à rajouter à sa peine du moment. Cet apprentissage, elle le fera quoi qu'il se passe dans sa vie… D'ailleurs, il était déjà activé quand elle m'a appelée, sinon elle ne m'aurait pas appelée pour me faire cette demande. Une pratique sincère nécessite de prendre soin de soi et des personnes qui mobilisent vos compétences médiumniques.

JE PRENDS MA PLACE

Beaucoup de personnes sensibles aux énergies se sentent mal dans certains endroits. « Ce magasin, c'est trop affreux, je n'y vais plus. » « Ce restaurant, je m'y sens mal, il a trop de mauvaises énergies. » « Je ne peux pas me rendre dans cette manifestation, je ressens tout le monde et ça me prend toute mon énergie. » « Je n'irai plus dans ce lieu, il y a beaucoup d'énergies de défunts. » « Il faut que je me protège… »

Bonne nouvelle, il n'est nullement besoin de se protéger, à part peut-être de notre fameux rationnel qui a un avis sur tout. Tout cela existe pour que nous fassions des expériences afin de prendre notre place. Pas celle qui reste libre... pas celle qu'on m'a dit être la meilleure... pas ce petit espace entre deux... non... je prends ma place. Celle que je veux pour moi, celle qui me plaît, celle dans laquelle je me sens bien.

La vie, c'est vivre comme nous le souhaitons et pour cela, il n'y a pas besoin de protection. Nous avons seulement besoin d'être déterminés et d'installer ce que l'on croit juste.

Observons ce qui se produit avec comme exemple une application de messagerie gratuite connue, qui existe pour les smartphones. Cette application permet à tout le monde de voir la dernière heure où l'on était en train de l'utiliser. On peut désactiver cette option. Je suis toujours surprise par le nombre de personnes qui rendent invisible, aux yeux de tous, l'heure de leur dernière utilisation. Selon ces gens, désactiver l'heure visible est une protection afin que personne ne sache quand ils étaient sur cette application la dernière fois.

Selon moi, c'est lorsque je ne suis pas assez déterminée avec ce que je crois juste pour moi. L'autre a vu à quelle heure j'étais sur cette application pour la dernière fois ? Et alors... s'il s'est fait un film ou s'est raconté une histoire du pourquoi je ne lui ai pas répondu, ou que sais-je d'autre ? Cela le concerne.

Je veux vivre ce que je crois juste pour moi et sans devoir me protéger. Pour cela, selon moi, le mieux est d'apprendre à faire « On » et « Off », c'est très simple – j'y reviendrai plus tard.

À ce stade du livre, nous avons déjà expliqué comment faire nos affirmations. Avec des formules affirmatives, positives et sans négations. Les livres qui portent sur « la gestion des pensées positives » sont utiles pour apprendre à faire nos affirmations.

En ce qui concerne le sujet des énergies qui nous ennuient, c'est la même façon d'agir.

Si vous avez EnVie de ressentir toutes les énergies qui existent, c'est facile. Dites simplement : « Je suis en accord pour ressentir toutes les énergies qui m'entourent. » Si vous avez enVie du contraire, dites: « Je suis invisible à toutes les énergies qui m'entourent. »

Mon petit plus est de terminer mes affirmations par « et j'annule toute autre pensée à ce sujet». C'est en quelque sorte couper « l'herbe sous les pieds» à notre rationnel avant qu'il dise: « Mais c'est de la bêtise tout cela, ça ne marchera jamais ! » Dans cette dernière formulation, je précise « à ce sujet», parce que je n'aimerais pas annuler toutes mes pensées. La précision est une chose importante à conscientiser dans cette technique d'affirmation.

Ressentir toutes les énergies, qu'elles soient de la terre (magnétiques) ou du Monde spirituel (spirituelles ou divines) nous permet aussi de faire des expériences.

Si vous vous rendez dans un restaurant, vous pouvez dire simplement: « Je mange tranquillement, invisible à toutes les énergies. » Si besoin, vous précisez lesquelles, magnétiques (celles des personnes qui nous entourent ou toutes les énergies liées à la terre) ou spirituelles (celles des âmes désincarnées ou de vos guides, anges...). En terminant par: « jusqu'à ce que je sois chez moi où jusqu'à la fin de mes vacances, etc. » Je détermine aussi la fin de mon affirmation pour qu'elle ne soit pas illimitée. Cela me permet de faire mes expériences, de ne pas toujours tout prévoir.

Si cette affirmation ne fonctionne pas, c'est que cela se joue sur un autre plan. Cela pourrait être un programme à transformer qui se montre justement par cette expérience qui se présente à vous. Votre rationnel – immuable dans ces schémas – a besoin de contrôler quelque chose. Comme d'habitude, il ne comprend pas encore ce qu'il y a à changer pour vous libérer intérieurement (comme déjà expliqué plus en avant).

Dans l'idéal, chaque jour vous permet de vous transformer pour apprendre. Aussi, soyez bienveillant(e) avec vous-même lorsque vous lirez ces lignes, car personne ne fait son chemin de vie sans traverser des expériences. Émerger du négatif exige de s'y immerger. Réfléchissons à cette notion qui est une clé de la réussite de nos transformations, et prenons notre place.

PARLER (OU PAS) AVEC LE MONDE SPIRITUEL

J'ai reçu des personnes qui avaient de vrais soucis schizophréniques alors qu'elles pensaient parler avec le Monde spirituel. À l'inverse, j'ai rencontré des personnes à qui l'on attribuait de graves problèmes psychiatriques et qui n'en avaient pas ou vivaient un mélange des deux ! Elles étaient vraiment en train de parler avec le Monde spirituel. Elles ont pu arrêter leur traitement ou en grande partie, et se portent bien mieux. Elles l'ont fait en partage avec leurs médecins en suivant un protocole précis.

J'ai reçu une jeune fille qui était en pleine décompensation psychotique. Elle est venue à mon atelier sans rendez-vous, exigeant d'être reçue sur-le-champ, ce qui n'arrive jamais chez moi. Comme par « hasard », je n'avais personne et c'était le seul quart d'heure que j'avais de libre durant cette journée. Elle s'est installée en face de moi : « Vous pouvez me dire pourquoi ma mère et mon ex-copain sont toujours en train de parler dans ma tête ? » « Nous allons poser les choses. Expliquez-moi. Là, je ne suis pas en mesure de savoir ce qu'il en est… » « Je ne veux rien vous dire. » « Si vous venez jusqu'ici, je ne connais pas votre prénom, je ne sais pas qui vous êtes, prenez le temps… Où sont votre maman et votre ex-copain ? » « Au Portugal… » « Comment font-ils pour vous parler dans votre tête ? » « Ben justement, je ne le sais pas. » « Vous en pensez, quoi, vous ? »

En parallèle, mes guides m'informaient que les voix qu'elle entendait n'étaient pas du Monde spirituel. Qu'elle avait abandonné son traitement alors que ça la stabilisait. Je l'ai aiguillée dans ce sens. « Les voix que vous entendez ne viennent pas du Monde spirituel. Il y a des solutions pour vivre agréablement et faire en sorte que cela s'arrête. Des professionnels du monde médical conventionnel pourraient vous aider. »

Ce n'était pas ce qu'elle voulait entendre, elle aurait souhaité que ce soit des compétences médiumniques et arrêter tous ses traitements. Elle est partie d'un bond. J'aurais aimé l'aider un peu plus et je me sentais frustrée. Je n'ai pas eu le temps de l'apaiser plus. Je me console en me disant que je ne lui ai pas laissé croire des faussetés.

Dans une autre situation, je me souviens d'un monsieur qui subissait un lourd traitement qui n'était à mon avis pas totalement nécessaire. Il devait juste apprendre à utiliser ses compétences avec le Monde spirituel. Il a diminué plus de la moitié de sa médication, toujours en partage avec son médecin. Je l'ai coaché pour qu'il puisse travailler avec sa part spirituelle. Sa famille m'a remerciée. Sa sœur m'a avoué: « J'ai de nouveau un frère... »

Aujourd'hui, il peut vivre avec le meilleur de lui. Depuis sa renaissance, il est enfin compris de ses proches, de ses amis. Dans une autre expérience, je me souviens de ce monsieur si gentil ayant des soucis de schizophrénie. Il est venu simplement très souvent aux guérisons publiques. Avant, quand je le croisais dans la rue, il avait toujours la tête baissée. Maintenant, il se tient droit devant moi et me salue par un « Bonjour, Madame Sommer ! ». On dirait qu'il a pris sa place ici sur terre et ça lui va bien.

Dans ce thème, je ne parle pas d'expériences par lesquelles tout le monde passe. Ce ne sont pas nos fameuses crises de vie – évoquées plus tôt, qui ne sont pas des maladies – mais des vies d'âme qui sont aussi à faire. L'enVie, c'est vivre sa couleur au milieu de celles des autres.

L'OUVERTURE DU MONDE MÉDICAL

Avant de me tolérer, le monde médical m'a bien testée. Lorsque je me rends à l'hôpital, je n'allume pas mes petites bougies – dont j'arrive à me passer – et je ne fais pas l'illuminée de service. J'agis naturellement. Le médium, pour sa petite sécurité personnelle et dans ses rituels, aime bien faire une purification du lieu. Je m'assois simplement et je dis, par exemple à l'infirmière, que je médite un moment pour me mettre en condition. J'en profite pour nettoyer le lieu énergétiquement parlant.

Au début, j'avais besoin du prénom et de la date de naissance des gens qui me demandaient de la guérison. À présent, le prénom me suffit. Le Monde spirituel lui, sait exactement (et bien mieux que moi) de qui nous sommes en train de nous occuper ! La date de naissance me « fixait » à l'époque, cela n'aidait que moi.

En réalité, c'est le Monde spirituel qui œuvre. Je me mets à sa disposition pour que le meilleur soit apporté à la personne qui cherche un service médiumnique chez moi.

Chaque fois que vous récupérez un petit bout de confiance en vous, grâce aux expériences rencontrées, vous avancez d'un pas. Dans tous les domaines de votre vie, c'est la même chose.

L'approche du monde médical en ce qui concerne mon domaine a vraiment progressé. Certains estiment que cela stagne. Pas moi. Le mouvement énergétique s'est mis en route, et ça bouge beaucoup. Nous n'allons plus trop attendre pour voir ces changements prendre place dans la société. Regardez déjà ceux qui s'ouvrent à l'hypnose pour les opérations. Je ne mélange pas cette technique avec la médiumnité pure mais je relève cette évolution des mentalités et j'en suis ravie. Je remercie des personnes comme le docteur Jean-Jacques Charbonier[5] qui œuvrent à cette évolution scientifique. L'hypnose, pour moi, est une porte formidable qui s'ouvre à la médiumnité. Elle utilise les mêmes endroits neuronaux dans notre cerveau. Une fois les ponts neurologiques créés, peut survenir ce que j'appelle la médiumnité.

Ça me plairait de faire un IRM de ma tête quand je pratique la transguérison (ou ce qu'on appelle la médiumnité sous contrôle). Un jour, je devais en passer un pour une épaule, j'ai testé une mise en transe dedans. Le bruit ne m'a gênée en aucune façon et je n'ai pas vu passer les vingt minutes. L'infirmière n'en revenait pas. « Comment vous avez fait ? On ne vous voyait même pas respirer. » Pour la rassurer, j'ai prétendu être très fatiguée. C'est vrai qu'en transe on ne voit presque pas le mouvement de la respiration. Cela ressemble exactement à une personne qui est dans le coma.

Le médecin qui s'est occupé de mon épaule m'a dit : « Vous auriez enVie de faire une IRM en transe ? L'année prochaine, je reçois un nouvel appareil, chiche ? » Avec le temps qui a passé, la vie ne m'a heureusement plus emmenée chez lui... je me demande s'il s'en souvient ? Je ne lui ai pas encore proposé ce défi, il reste dans un coin de ma tête. Quand ce sera le bon moment, la vie organisera cette rencontre pour nous.

---

5 Médecin anesthésiste-réanimateur, auteur, conférencier, recenseur de témoignages suite à ce qu'il appelle des expériences de mort provisoire, hypothèses de la vie après la mort, d'une conscience indépendante de l'activité neuronale et animateur de transcommunication hypnotique.

MON MÉDECIN, DES EXPÉRIENCES

Lorsque mon corps me fait une expérience que je ne comprends pas, je me rends chez mon médecin. Même si, en règle générale, je ne vais pas chez lui pour qu'il prenne en charge ma maladie ou mon problème physique. Quand il me livre le diagnostic, que je n'étais pas capable de trouver toute seule, je laisse tomber un: «Ah, c'est ça!?» Ensuite il souhaite me délivrer une ordonnance et réalise qu'elle ne m'intéressera que si je n'ai vraiment pas d'autres solutions. Ce qui revient à dire une fois tous les tremblements de terre.

Dès lors, je me débrouille car j'ai compris la source de ce qui m'embêtait. Je repars avec les précieuses informations, et décide seulement à tête reposée ce que je veux faire, avec et pour moi. De plus, je demande au Monde spirituel de me montrer ce que cela veut m'apprendre. Voici ce qu'il se passe.

Les nouvelles informations intégrées dans mon cerveau ouvrent de nouvelles perspectives de connaissance. Le Monde spirituel utilisera ces nouvelles perspectives comme base pour me montrer ce que moi j'ai à apprendre à ce moment-là de ce sujet.

Le Monde spirituel utilise toujours ce qui existe à l'intérieur de nous comme base pour nous apprendre des choses en plus. Donc plus nous allons chercher des informations et plus nos guides spirituels pourront en rajouter afin que nous recevions leurs enseignements.

Pour en revenir à mon médecin, il a pris l'habitude de ma façon d'être, il s'en amuse je crois. La dernière fois, je me suis dit que lorsque j'y retournerais, pour le plaisir, je lui demanderais deux Tarmed, le tarif médical pour facturation en Suisse! Parce que leurs 15 minutes ne me suffisent pas. Je suis lente!

Trêve de plaisanteries... J'ai commencé à être heureuse et fière de moi dès l'instant où je ne m'en suis plus remise à qui que ce soit. Je ne place ni mon bonheur, ni ma réussite, ni ma santé entre les mains de quelqu'un. Je sollicite, chez mon médecin, les coups de pouce et connaissances dont j'ai besoin. Je fais mes expériences aussi grâce à ma santé physique.

L'AUTOGUÉRISON

Lorsque vous me demandez une guérison, cela ne me pose aucun problème. Il y a un quota de confiance entre vous et moi que nous n'avons jamais utilisé et qui, de ce fait, est entier. En ce qui me concerne, ma propre confiance en moi, ce quota, a été touchée plus d'une fois.

Il m'a fallu bien des années pour comprendre ma possibilité d'autoguérison. Je n'y arrivais pas car je manquais de confiance en moi. La théorie ne pose pas de problèmes. Dans les actes, c'est une autre paire de manches. Avant d'y parvenir, il est important de ne plus avoir l'ombre d'un doute en travaillant son assurance. En mettant en place notre médiumnité, pas à pas, nous installons de façon innée cette confiance en soi. Chaque étape nous oblige à annuler de fausses croyances, des peurs, des programmes – rationnels – obsolètes, nous fait mettre en place un morceau de plus dans notre confiance.

Voici une de mes expériences parlantes à ce sujet. J'ai connu par deux fois des calcifications dans les épaules, à droite comme à gauche. Celle de droite a été repérée par une IRM dont je vous avais déjà parlé. Il était même question d'une épaule gelée, ce qui signifie que je ne l'aurais plus bougée. Durant des mois, j'ai eu de fortes douleurs. Me coucher dans mon lit chaud provoquait l'inflammation, tandis que chaque mouvement debout provoquait des douleurs. C'était pénible.

J'ai subi trois petites interventions ambulatoires sans anesthésie générale. Seule la zone de l'intervention était endormie. Une aiguille me grattait la calcification, une autre injectait un sérum physiologique. Le liquide aspiré de l'autre côté ressortait avec le petit sable de la calcification.

En soi, cette opération est douce et m'a beaucoup aidée dans ma peur d'avoir une épaule gelée et a calmé mes douleurs pendant quelque temps. Néanmoins, pendant une année et demie j'ai eu des douleurs en alternance avec les interventions. Puis elles ont cessé et mes mouvements sont revenus.

Une année et demie après cet épisode, la gauche a présenté les mêmes symptômes. Je n'étais plus inquiète d'une épaule gelée car je savais de quoi il en retournait. Plutôt que de refaire des interventions, j'ai misé sur l'autoguérison – j'y reviens plus tard – pour détruire cette calcification. Je n'avais plus de crainte, j'avais compris que je n'aurais pas une épaule gelée.

Ce genre d'expérience physique provoque des douleurs durant toute la journée et la nuit. La calcification bloque les mouvements. Les douleurs constantes irradient dans le corps. C'est là que j'ai réalisé qu'elles peuvent installer des mémoires – de douleur – qui s'engramment dans les cellules physiques.

J'ai nettoyé sans relâche deux fois par jour ces mémoires de douleur diffusées dans mes cellules en pratiquant de l'autoguérison. Parfois, elles étaient cantonnées sur l'épaule. À d'autres moments, elles allaient jusqu'à la hanche ou, au contraire, montaient jusqu'au sommet de ma tête. Et je continuais de libérer mes cellules de ces mémoires de douleur.

À ma grande surprise, trois mois après mes premières douleurs, elles ont totalement disparu. Mon épaule gauche était devenue, au niveau des douleurs, comme la droite, sans qu'il n'y ait eu d'opération, de médicament, et une année et demie de souffrances.

Dans un second temps, il m'a fallu récupérer mes mouvements, ce qui m'a pris encore du temps. Mais je pouvais enfin dormir agréablement.

Dans ce cas de figure, il faut savoir que la douleur est due aux inflammations. L'inflammation « mange » la calcification, ce qui fait que plus je prenais d'antidouleurs plus ma guérison était longue. Encore une fois, accepter ce qui m'arrivait était la meilleure solution, et a constitué une grande partie de mon autoguérison.

J'observe que la peur, une fois de plus, peut nous faire courir et chercher des solutions à l'extérieur de nous et non à l'intérieur.

Il n'est pas question, dans ce récit, d'évincer le médecin. Il est question d'aller le trouver si nous avons des doutes pour notre santé afin de recevoir un diagnostic scientifique. Puis d'évaluer ce que nous avons enVie de faire pour notre guérison. Il est question de ne pas déléguer notre guérison, ce qui entraîne parfois des complications plus longues, par peur.

Ce partage vous démontre qu'une fois j'ai eu peur et me suis compliqué la vie, et qu'une fois je me suis fait confiance et j'ai raccourci le temps de guérison. Grâce à cette expérience j'ai reçu de nouvelles compréhensions, comme à chaque fois.

LES CONSULTATIONS – VOUS NE DÉRANGEZ JAMAIS

Lorsque quelqu'un consulte un(e) médium, il ou elle a peut-être une attente précise. Cependant, personne ne choisit qui vient nous parler depuis le Monde spirituel.

De temps en temps, je « cible » la demande et cela peut fonctionner. J'ai observé que celles et ceux qui s'expriment depuis le Monde spirituel transmettent toujours les éléments les plus importants pour le ou la consultant(e), à ce moment-là.

Parfois, ce n'est pas la personne espérée qui s'exprime. Les défunts présents peuvent répondre à sa place et devenir son intermédiaire. Je ne peux pas anticiper le déroulement ou l'ordre d'une séance. J'ai par contre l'assurance que quelqu'un répondra toujours.

La façon que les défunts choisissent pour amener des informations à leur proche, par mon intermédiaire, me fascine encore chaque jour. On dirait que c'est LA manière de ce moment-là. Je veux dire, la seule, que la personne en face de moi peut prendre, pour avancer en toute quiétude, avec ces informations. Les défunts sont bienveillants, pleins d'amour et d'humour aussi. L'énergie est légère et divine.

Parfois, on me pose des questions à propos du délai. « Je viens de perdre une personne chère à mon cœur. Combien de temps je dois attendre pour entrer en contact avec elle ? »

En vingt ans de travail, le Monde spirituel a toujours répondu présent à chaque consultation. Les défunts me disent que nous ne les dérangeons jamais ! Que c'est une fausse croyance humaine qui se démonte lorsque nous réalisons qu'ils sont une goutte d'eau dans un océan. Cette goutte d'eau est mélangée au Tout et est, par conséquent, le Tout. Cela explique le don d'ubiquité des défunts.

Ils me disent qu'ils sont très heureux que nous prenions du temps pour dialoguer avec eux. Il faut tout tenter avec le Monde spirituel, n'oublions pas qu'ils sont, et qu'ils ont, une énergie de l'infini. Le reste n'est que suppositions humaines. Ce qui me permet d'aller plus loin dans mes observations ou mes réflexions.

Les consultant(e)s reçoivent ce qu'il y a de mieux pour eux dans cet instant. Je pense que c'est ce qui est déterminant pour le Monde spirituel, qui viendra donner les informations.

Néanmoins, je suggère aux personnes qui viennent consulter d'inviter dans leur cœur la ou les défunts qu'ils aimeraient recevoir.

En consultation, nous pouvons recevoir des ancêtres ou des personnes que nous n'avons pas connues du temps de leur vivant. Elles viennent donner des informations et se présenter. D'autres fois, ce sont des enseignants – nos guides – qui viennent parler de nos compétences médiumniques ou autres dons.

Dans le Monde spirituel, il y a toutes les âmes de tous les êtres vivants et désincarnés – décédés – selon moi. Et nous pouvons dialoguer avec tous.

Lorsque nous dialoguons avec une âme incarnée – être vivant sur terre –, cela s'appelle de la lecture psychique. Technique que j'utilise pour dialoguer avec des personnes qui ne peuvent pas parler – situation de handicap ou de coma.

La médiumnité, c'est lorsque nous sommes l'intermédiaire entre le monde des vivants et le monde des esprits – Monde spirituel.

Quels sont les éléments qui peuvent perturber une séance? Devinez lesquels... Eh oui, c'est les rationnels – nos programmations – des deux personnes vivantes présentes. Autant moi que la personne qui vient me voir pouvons être bousculées ce jour-là.

Chez moi, beaucoup de personnes viennent pour de la guérison. C'est-à-dire que j'entre dans un état de conscience modifié profond – la transe. Le but est de me mettre à disposition du Monde spirituel afin que la personne reçoive des énergies de guérison (je ne suis pas médecin et ne fais pas de diagnostic).

Pour ceux qui se demandent pourquoi ça ne marche pas sur eux, j'ai observé que c'est une forme de contrôle. Ils pensent devoir faire quelque chose de spécial en présence d'un(e) médium. Ça peut être aussi un souhait qu'il n'y ait plus rien à faire d'autre que de venir chercher sa guérison. Comme nous l'avons déjà bien développé, c'est à chacun de se prendre en charge pour se transformer.

À toutes ces personnes, je propose juste de se décontracter et d'accepter de laisser entrer cette énergie de guérison.

Qu'en est-il des miracles? Selon moi ils existent. Il n'y a qu'à lire le témoignage d'Anita Moorjani[6] – revenue de l'au-delà – pour se rendre compte que le Monde spirituel fait des miracles.

Cette dame était à l'hôpital en fin de vie. Ses médecins ont annoncé à sa famille qu'elle n'avait plus que quelques heures à vivre. Elle a sombré dans le coma, et là, hors de son corps, elle a partagé avec le Monde spirituel. Elle y a découvert la cause

6 Guérie d'un cancer de façon spectaculaire à la suite d'une expérience de mort imminente, auteur, conférencière et consultante.

réelle de son cancer lymphatique. Elle a reçu et pris l'enseignement puis est revenue à elle. Quelques jours plus tard, elle se trouvait en rémission totale. Ses médecins et tous ceux qui ont eu son dossier médical entre les mains ne peuvent pas expliquer scientifiquement cette guérison.

Le Monde spirituel m'a expliqué ce qu'il se passe lors d'un miracle. Ce que je vous raconte ici n'est pas scientifique, c'est juste ce que mes guides m'en ont dit. Ils sont toute une équipe spirituelle qui œuvre ensemble. C'est un peu comme s'il y avait un « spécialiste » de tout ce dont la personne a besoin de recevoir pour gai_rire, eh oui, c'est le but... Ils sont là, tous ensemble, à faire grandir leurs énergies de guérison. Quand il semble que c'est « l'énergie », soit la meilleure, ils la transfèrent en un coup, comme un éclair, à la personne. C'est très rapide en général. Je crois que c'est parce qu'ils ne peuvent pas « tenir » longtemps cette grande énergie avant de la transférer. Cela s'expliquerait par le fait qu'ils n'ont plus « la clé d'entrée » pour le monde des vivants, soit un corps physique. S'ils avaient un corps physique, je pense qu'ils pourraient donner cette grande énergie plus doucement ou dans un temps plus élargi.

Quand je demande au Monde spirituel « Pourquoi vous ne travaillez pas pour les vivants sans médium ? », il me répond que nous sommes les intermédiaires entre eux et le monde des vivants grâce à notre corps physique.

Pour moi, cela explique pourquoi Anita Moorjani a reçu cette guérison elle-même. Elle se trouvait en partage avec eux dans son coma, alors que son corps physique était toujours en vie. Elle était elle-même la clé de ce transfert d'énergies de guérison. Je me réjouis beaucoup du jour où je la rencontrerai afin que nous discutions ensemble de ce point de vue.

Ce qui fait qu'une personne peut ou ne peut pas recevoir ce genre de guérison se passe à un autre niveau. Celui où sont prises toutes les décisions des expériences que moi, en tant qu'âme, je viens faire ici sur terre. Soit avant de me réincarner pour cette vie.

LE TEMPS AVEC LE MONDE SPIRITUEL – LA CONFIANCE

Lorsque nous travaillons notre partie spirituelle, nous lui donnons du temps, nous méditons avec elle, nous nous baladons en pleine conscience, nous apprenons d'elle. Une fois que nous lui laissons de la place dans notre vie, elle nous accompagne. Dans les activités où nous perdons la notion du temps et de l'espace, nous sommes en présence de notre âme. Il arrive que nous passions une nuit à peindre, sans manger. Cela s'est passé avec une de mes amies, artiste. Quand elle partageait avec sa partie spirituelle – son âme – elle n'avait plus aucune idée des heures qui passaient et de l'endroit où elle se trouvait. Quand notre âme entre en partage avec le Monde spirituel, le temps n'existe plus, puisque nous sommes dans l'unité.

À chaque fois que je médite ou que je travaille avec ma partie spirituelle, je vis ça aussi. La relation avec notre âme dégage une impression de simplicité évidente. Je ne me soucie pas de l'heure lors de mes consultations ou des guérisons publiques, le Monde spirituel s'en charge.

Une fois, je suis tombée en panne avec ma voiture sur l'autoroute. Dans l'attente du dépanneur, j'ai eu enVie de méditer, et comme par « hasard » j'en ai eu le temps. Une information m'a été délivrée, celle de vérifier mes roues. J'avais le pressentiment que quelque chose clochait. Mon spécialiste me l'a confirmé. « Il ne faut surtout plus reprendre le volant, vous avez deux plaquettes de frein complètement usées. »

Le temps d'une connexion avec le Monde spirituel vous aide, parfois même avec la mécanique !

Je suggère à toutes les personnes qui ont enVie de travailler avec le Monde spirituel de décider où, quand et comment cela doit se faire. Nous avons déjà vu qu'être toujours connecté n'est pas chose agréable pour vivre sainement. La médiumnité est un travail ou un partage dans un temps que nous déterminons.

Revenons à nos trois parties, physique, psychique et spirituelle. Les connexions au Monde spirituel sont des expériences humaines qui apportent des connaissances, mais ce n'est qu'un tiers de nous. Notre âme s'incarne dans un corps physique et psychique, justement pour acquérir des connaissances. Ce sont les deux tiers de notre entier. Vouloir être connecté au Monde spirituel en permanence reviendrait à ne pas vouloir faire ses expériences psychiques et physiques.

Lorsque nous avons inséré des temps pour faire du travail spirituel, et que l'heure à laquelle nous avons choisi de pratiquer est arrivée, c'est le bon moment pour le faire, car c'est comme un rendez-vous. Le Monde spirituel y sera, à coup sûr.

Personnellement je mets toujours quinze à vingt minutes pour me préparer à travailler avec le Monde spirituel – j'y reviendrai plus tard. Si je m'oublie alors que nous avions rendez-vous, il vient me chercher en me faisant ressentir l'énergie de la connexion.

Un jour, j'ai oublié un rendez-vous. Je me trouvais dans un magasin assez loin de chez moi et mon téléphone sonne. « Bonjour, je suis Céline. » « Bonjour Madame, nous avons rendez-vous, je suis devant votre porte fermée. Vous m'avez oublié ? »

À ce moment-là, je me demande pourquoi le Monde spirituel n'est pas venu me chercher comme d'habitude. Comme je n'étais pas connectée, je n'avais pas de réponse… « Excusez-moi Monsieur, je ne sais pas comment j'ai fait… mais je dois vous avouer que oui, je vous ai oublié (j'étais très mal à l'aise). Vous habitez loin ? Pourriez-vous revenir demain ? » Comme par hasard j'avais une place libre le lendemain. « Pas de soucis Madame, j'habite à côté de chez vous et je suis libre demain. » « Merci de votre compréhension, vous êtes très sympa. À demain. »

En raccrochant le téléphone, je me suis demandé comment j'avais pu l'oublier. Je suis rentrée à la maison et j'ai pris le temps de méditer. Le Monde spirituel m'a dit que je comprendrais tout le lendemain. Pas forcément très contente de sa réponse, j'ai pesté un peu car ma patience était mise à l'épreuve.

Le lendemain, j'étais prête à recevoir ce monsieur à l'heure prévue, connexion faite. Il est entré, le visage défait. Rien à voir avec la belle énergie du jour précédent au téléphone. Je l'ai installé et il m'a dit: «Je sais maintenant pourquoi je devais venir vous voir aujourd'hui... je viens de perdre ce matin un ami d'enfance...»

Le Monde spirituel sait pourquoi il nous propose des choses différentes parfois. Un important travail dans cette activité, c'est de garder confiance en cette énergie divine, qui sait bien mieux que nous ce qui est le meilleur. De plus, mes guides ne me disent jamais si quelqu'un va partir de la terre ou si quelqu'un va naître.

Dans cet exemple, je ne pouvais pas comprendre ce qui allait se passer le lendemain. Je sais maintenant que c'était une expérience pour avancer d'un pas de plus dans la confiance à accorder au Monde spirituel.

LES SYNCHRONICITÉS QUI APAISENT ET APPORTENT

Il y a eu une période de ma vie où j'étais un peu fâchée avec ma religion. «Comment ça, tu me dis que je suis une mécréante? Comment ça, on ne peut pas tutoyer Dieu? Je suis une part de lui, comment je fais pour ne pas le tutoyer?» J'ai fini par comprendre que les religions s'exprimaient par le biais de symboles écrits par des humains pour transmettre les inspirations qu'ils ont eues. Cela m'a apaisée avec ce grand thème de vie. Et puis s'est présentée ma rencontre avec le père François Brune[7] lors du tournage de *Médiums, d'un monde à l'autre*.

Mes canaux de compréhension, face à lui, étaient complètement ouverts. Je me retrouvais avec quelqu'un qui me mettait totalement à l'aise.

---

7 Père catholique, licencié en Écritures saintes et auteur.

Le père François Brune, je l'accueille comme un cadeau du ciel. Par sa connaissance, par sa gentillesse. Quand il parle, ses phrases sont positives, il utilise très peu de négations. À côté de lui, vous vous sentez bien. Il n'a pas encore parlé que déjà vous êtes apaisé. Ses expériences, il les a passées avec sa sagesse humaine. Il me semble que sa foi est illimitée, il fait son chemin de vie avec cela.

Les synchronicités – qui comprennent les rencontres – me ravissent. Dès l'instant où nous y sommes attentifs, il nous en arrive constamment. Le père Brune, je le perçois comme une adorable et puissante synchronicité pour moi.

J'ai commencé il y a très longtemps à publier sur Facebook tous les cœurs que je croise sur mon chemin. Je les partage pour donner aux autres l'enVie de les voir à leur tour. Et ça marche ! J'en suis ravie et je reçois chaque jour des personnes qui les voient elles aussi.

Cette idée toute simple a déclenché un mouvement et d'autres personnes se sont mises à en chercher. Ainsi, elles ont ouvert leurs propres canaux de réception, en cette pleine conscience, ce qui leur a permis de comprendre que les synchronicités existaient déjà dans leur quotidien.

Je vous en livre une autre, issue de ma propre expérience. Voici quelques années, je voulais arrêter de fumer. J'ai bu pour la seule fois de ma vie la décoction d'un cactus connu, le peyotl. Cela ne m'a rien fait de spécial. Jusqu'au moment où j'ai compris qu'un week-end entier s'était passé sans que je ne m'en aperçoive.

J'ai pourtant tout ressenti et conscientisé, j'étais complètement bien, j'avais mon propre *self-control*. Seules les heures se sont écoulées hors de ma conscience. J'ai apprécié le travail effectué avec cette plante. Le vendredi soir, nous avions la cérémonie du feu sacré puis le *sweat lodge* ou *matato* (loge de sudation) pour nous purifier. Le samedi, toute préparée pour cette cérémonie amérindienne, je suis entrée dans le tipi à 21 heures pour en ressortir le lendemain matin à 9 heures. Je n'ai pas vu le temps passer.

J'ai eu la chance de ne pas connaître d'effets secondaires car, autour de moi, je n'avais jamais entendu des gens vomir aussi fort ! Ils sortaient leurs tripes et boyaux et moi je me sentais bien. Lors de cette cérémonie, chose qui m'était passée complètement à côté, nous pouvions affirmer quelque chose au Monde spirituel en partage avec la plante. Je n'avais rien préparé. L'homme médecine qui animait la cérémonie m'a dit : « Choisis maintenant ce que tu aimerais changer dans ta vie. » La seule idée qui m'est venue spontanément était d'arrêter de fumer... sans grande conviction. Ce qui s'est pourtant passé quelques mois plus tard.

C'était une synchronicité de plus qui tombait au moment opportun. Je n'aurais jamais demandé cela si j'avais dû le préparer à l'avance. Je n'y pensais pas vraiment à cette époque-là. Quand je sais ce que l'arrêt de la cigarette a apporté comme transformation dans ma vie, je suis très contente de l'avoir fait.

Évidemment, tout le monde est informé que la santé s'améliore grandement. Ce que vous ne savez peut-être pas, par contre, c'est que ma connexion au Monde spirituel a changé totalement. Avant, il y avait un « voile de fumée » entre nous. Ce voile s'est levé, et ma connexion est beaucoup plus claire.

Encore une fois, je peux m'apercevoir que mes amis spirituels, mes coaches et guides, me font cheminer pour tendre au meilleur de moi-même.

CONNEXIONS SPIRITUELLES SPONTANÉES

Dans ma médiumnité, j'ai appris à faire « On » et « Off » – j'y reviendrai plus tard.

J'ai donné au Monde spirituel les paramètres que j'estime justes pour moi et qui me permettent de rester moi-même. « Quand il n'y a pas de lumière chez moi, vous ne me réveillez pas. Dans les magasins ou les restaurants, quand je suis sur « Off », vous ne venez pas m'embêter. »

Par contre, je leur ai laissé une porte ouverte: « Si, pour une raison X ou Y, il y a une urgence et que vous pensez trouver en moi la bonne personne au bon endroit, je me mets à votre disposition. » En une vingtaine d'années, cela s'est peut-être produit cinq ou six fois. C'est ce que j'appelle une connexion spontanée.

En voici quelques-unes. Je me suis rendue à l'hôpital de Martigny afin de passer des examens. J'avais rendez-vous avec un médecin. La réceptionniste m'a installée dans une salle d'attente. J'étais un peu en avance, je me suis assise tranquillement, il n'y avait personne. Jusqu'au moment où est entré un monsieur dans la septantaine, soigné de sa personne, très classe, portant un costume, une chevalière, une alliance. J'ai souri en pensant: « Il doit avoir une épouse qui s'occupe bien de lui ! Tout est parfait ! »

À ce moment, sa femme, qui était décédée, est venue me parler. J'ignorais ce qui était en train de se passer. J'ai compris que c'était une connexion spontanée et qu'elle avait quelque chose d'important à me transmettre. Quelques minutes auparavant, cet homme avait conduit son épouse aux urgences. Il ne savait pas encore qu'elle était partie. Le Monde spirituel m'a demandé de parler à ce monsieur, oubliant quelques paramètres. J'ai précisé alors au Monde spirituel que ce monsieur devait s'approcher de moi car je n'avais pas le droit d'entrer dans sa vie privée.

J'ai demandé la confirmation au Monde spirituel de ce qui se passait. Elle est vite tombée.

Deux secondes après, des médecins se sont approchés de ce monsieur et l'ont pris à part, à un mètre de moi ! Dans le même temps nous entendions un hélicoptère en train de décoller. J'ai compris qu'il transportait le corps de son épouse au Centre hospitalier universitaire vaudois (CHUV).

J'ai reçu son image sur une civière, un médecin était quasiment sur elle en train de réaliser un massage cardiaque. La femme du monsieur, à mes côtés, a constaté: « Je ne vais pas revenir. » Elle était consciente que son existence s'arrêtait là. Les médecins essayaient de la sauver, c'était leur travail de tout tenter. Elle était sereine et dans l'amour pur du Divin.

Le dialogue entre les médecins et l'homme s'est terminé. Il est revenu dans mon sens, et s'est assis à côté de moi.

Il m'a adressé la parole. Comme je l'avais demandé. Il était ébranlé, perdu... « Je ne m'attendais pas à ça ! » Sa femme a commencé à me coacher. Elle voulait que je l'apaise, sans lui dire qu'elle n'était plus. Elle avait quelques demandes.

Par son biais, j'ai conseillé à ce monsieur de ne pas rejoindre son épouse au CHUV en voiture. Je lui ai suggéré de prendre le train. Il a apprécié l'idée car cela lui évitait de prendre des risques au volant sous le coup de l'émotion. Je l'ai incité au calme car sa femme était entre de bonnes mains. Ce qui était vrai dans tous les sens du terme. Son épouse m'a indiqué ce qu'elle souhaitait porter comme vêtement, une belle robe bleue. Je l'ai transmis à son mari en prétextant que les femmes ont toutes une belle robe bleue. « Vous avez raison, elle en a une ! » Je lui ai encore dit de ne pas oublier certains papiers. Son épouse m'a révélé où ils étaient rangés – dans tel tiroir d'un secrétaire – car lui ne s'occupait pas trop de ce genre de choses.

Notre conversation a duré une dizaine de minutes. Plus nous parlions, plus son énergie s'apaisait. Le monsieur m'a quittée. « Au revoir, Madame. » « Au revoir, Monsieur. »

De mon côté, mon rendez-vous pour mon examen avait près de quarante minutes de retard. Au moment où le monsieur est parti, la même réceptionniste qui m'avait conduite dans cette salle d'attente est revenue. Elle m'a expliqué que je m'étais trompée et m'a changée de salle d'attente. Quand je suis entrée dans cette nouvelle salle, le médecin qui devait me recevoir est arrivé au même moment et s'est exclamé : « Vous êtes pile poil à temps... nous sommes synchros ! »

Cette expérience nous démontre que si le Monde spirituel veut quelque chose de nous, il nous le demande respectueusement. Ce n'est pas une obligation, c'est une proposition.

Retenez ceci. Le Monde spirituel ne nous oblige jamais à rien. Et lorsque les défunts viennent spontanément, nous n'avons aucun devoir de répondre à leur demande. Nous ne le faisons que si cela nous convient. Rien ni personne ne portera un jugement sur notre choix et surtout pas le Monde spirituel. Sentons-nous libres de faire comme bon nous semble... une fois de plus !

Si je n'avais pas voulu parler avec ce monsieur, je ne l'aurais pas fait. Il ne se serait rien passé de plus grave, ni pour lui, ni pour moi. Il a seulement gagné en sérénité.

PREMIÈRE SANS LE SAVOIR

Lors de ma première connexion spontanée, je n'avais pas conscience d'être une médium. J'ignorais jusqu'à l'existence de ce métier.

Je devais avoir 17 ou 18 ans. La fanfare à laquelle je participais était invitée à Chandonne, près de Liddes. C'était un week-end festif où nous avions beaucoup ri. Je me souviens qu'à l'époque, vers 1989, la *Lambada* faisait fureur. Je me suis rendue, avec d'autres jeunes, à un bal. Tard dans la soirée, je suis sortie de la salle et j'ai remarqué un jeune assis à côté de la porte d'entrée. Il devait être bien éméché. J'ai été saisie soudainement par une forte tristesse qui me compressait de l'intérieur. Je ne comprenais rien à ce qui se passait mais je savais que cela provenait de ce garçon. Je me suis installée à ses côtés et nous avons discuté durant quelques minutes. Je recevais déjà des informations du Monde spirituel sans savoir ce que c'était ! J'ai parlé à ce jeune homme comme si je l'avais toujours connu avec ma franchise et mon accent jurassien... « Tu as un voyage de prévu, tu te refuses ou tu t'empêches d'y aller. Tu as encore ton billet. Tu te lèves et tu y vas ! Tu dois le faire ! Arrête de te poser des questions ! Je ne veux plus te voir ici ! » lui ai-je ordonné, ce qui ne me ressemblait pas vraiment à l'époque.

Il devait hésiter à partir tout seul. Et c'était vrai... L'énergie qui était en moi insistait et me montrait que sa décision était d'une importance capitale. Il a été réceptif, m'a remercié et est parti... J'espère en voyage.

LE MESSAGE À TRANSMETTRE

Un ami jurassien qui était parti depuis plusieurs années dans le Monde spirituel est venu me trouver. Il m'a indiqué avoir du souci pour sa femme et son fils. Nous nous entendions bien, je les adorais, mais j'habitais en Valais et cela faisait des années que je les avais perdus de vue.

Cela leur aurait fait bizarre que je vienne en disant : « Au fait, ton mari se fait du mouron pour toi depuis le Monde spirituel ! » Je ne savais pas trop comment bien m'y prendre. Du coup, je lui ai demandé confirmation, qu'il formule sa demande une deuxième fois d'une façon différente. Ce qu'il a fait quinze jours plus tard, et il a remis ça une troisième fois en passant par l'écrit. Il m'a dicté une lettre dont je ne me rappelle plus le contenu car j'étais en transe.

Là, je n'avais plus le choix. Je me devais de transmettre son message. J'ai pris mon téléphone, j'ai appelé sa femme, je lui ai indiqué que j'étais médium et que j'avais des nouvelles de son mari. Cela paraissait important car il avait insisté trois fois...

Je suis arrivée chez elle, nous nous sommes retrouvées comme si nous ne nous étions jamais quittées. J'avais ces écrits avec moi, je ne les avais pas relus et je les avais glissés dans une enveloppe fermée. Je les lui ai donnés. Cela concernait leur santé, celle de l'épouse et celle de son enfant. Effectivement, les deux avaient de grands problèmes qu'ils ignoraient alors et qui se sont confirmés par la suite. Petit clin d'œil à ce couple et à leur famille qui sont dans mon cœur.

LA PREUVE D'ÊTRE MÉDIUM

J'aimerais vous parler d'une amie dont la fille avait un problème cardiaque. Dès le départ, j'ai accompagné cette petite avec des guérisons. Elle est maintenant dans le Monde spirituel. Je connaissais ses parents depuis ma tendre enfance et nous nous parlions régulièrement. Le matin où cette petite est partie, elle est venue me faire ses adieux.

Je me suis levée avec une enVie d'écrire. Sans être en transe, je n'avais pas conscience des phrases inspirées que je retranscrivais. La petite m'a demandé de donner cette lettre à sa maman. Il y figurait une heure précise. Sans doute celle du moment où elle est née dans le Monde spirituel. J'ai mis une photo avec une bougie pour symboliquement lui dire au revoir. J'ai indiqué à mon conjoint ce qu'il s'était passé et mon intention d'aller me doucher et d'enchaîner avec des commissions. Au sortir de la salle de bains, en prenant mon sac pour les courses, je lui ai annoncé: «Ma maman va t'appeler au sujet de cette petite, dis-lui merci et que nous sommes au courant...» A mon retour, celui qui partageait ma vie était livide dans la cuisine. «Tu tires une drôle de tête, tu ne vas pas bien?» «Tu te fiches de moi?» J'avais oublié ce que je lui avais exprimé de façon machinale. «... Ta maman m'a bien appelé pour m'indiquer exactement ce dont tu m'avais prévenu...» Il respectait ma médiumnité sans en avoir jamais eu la preuve. Et là, il en tenait une!

Un autre cadeau de cette petite se greffe à cette histoire. Une amie médium et jurassienne m'a lancé un coup de fil ce même jour. «Quelqu'un est parti dans le Monde spirituel cette nuit.

Tôt ce matin, j'ai eu envie de dessiner et j'ai marqué quelque chose dessus. Il faut que je te le lise parce que c'est lié à toi. »

Après, avec son smartphone, elle m'a envoyé un cliché du dessin qui représentait un vieux monsieur, avec un chapeau et une veste de costume. Il tenait la main d'une petite fille et ils étaient de dos. À leurs côtés, un chien blanc avec une laisse rouge les accompagnait.

Il s'agissait en fait de l'arrière-grand-père de la petite qui avait toujours eu des caniches blancs avec des colliers et des laisses de couleur rouge.

Les trois se dirigeaient vers un grand portail en fer forgé, grand ouvert, sur lequel figurait une annotation précise. J'ai demandé à mon amie de faire une photocopie de ce dessin que j'ai donné à la maman, accompagnée de la lettre qui devait aller avec.

Le jour de l'enterrement, je me suis rendue dans le Jura. Au funérarium – où je ne pensais pas arriver à l'heure à cause du trafic sur la route – la petite était dans les bras de sa maman.

J'ai pu donner les écrits et le dessin. La maman a pu en prendre connaissance, communiquer avec sa fille, par mon biais. Je tombais au bon moment. Cette synchronicité était parfaite. Cela montre, dans des moments tristes, combien nous pouvons tous être accompagnés.

TRAVAILLER AVEC LE MONDE SPIRITUEL « ON » « OFF » (MODE D'EMPLOI)

Parlons du « On ».

Avant de commencer quoi que ce soit, je m'organise un vrai temps pour moi. Je me le donne dans ma vie de Céline, dans le but de me connecter au Monde spirituel. Je m'installe dans un endroit où la porte et les fenêtres sont fermées. J'éteins mon téléphone et je mets de la musique en fonction de mon enVie du jour. Je m'assois confortablement en gardant mes pieds au sol.

Je commence alors mon travail. En premier, je remplis chacune des cellules de mon corps physique d'une belle énergie pure, et ce des pieds à la tête. Je compare cette lumière à celle que le Soleil produit. Je la regarde sans qu'elle ne m'éblouisse. Lorsque je me sens nourrie par cette belle énergie, je l'envoie au cœur de la terre pour la nourrir et m'ancrer à elle. Puis j'en fais de même avec le cœur du ciel – univers infini – ce qui active l'énergie dont j'ai besoin pour faire une connexion avec le Monde spirituel. Cela demande entre quinze et vingt minutes.

Par cette première phase, je me suis rendue « neutre » pour être en phase avec le Monde spirituel. Je ne peux pas être Céline qui s'est énervée ou qui s'est inquiétée. Ce que je vis en tant qu'être humain perturberait ma connexion à l'amour pur du Divin. Je permets ainsi au Monde spirituel de donner le meilleur à la personne qui vient me consulter et qui se trouve en face de moi. Elle non plus n'a pas besoin de ce que je suis en train de vivre au quotidien ce jour-là.

Remplie de cette belle énergie spirituelle ancrée dans la terre et connectée à l'énergie spirituelle, j'annonce à mes guides que je suis prête à travailler avec eux. C'est le « On ».

Parlons de ce qui se passe avec mes guides du Monde spirituel.

Je leur confie toujours mon but. Ils savent exactement pourquoi je me connecte: une méditation, dialoguer avec les défunts, donner des informations à une personne, une guérison, de l'enseignement, de la création, un nettoyage énergétique d'un lieu.

Aujourd'hui, quand l'énergie du Monde spirituel s'approche de moi, je ressens sa densité, qui est différente de celle du monde des vivants. Maintenant, j'arrive bien à ressentir ces deux aspects. Il m'est par contre compliqué de les décrire verbalement. C'est une densité qui change et je perçois que mon énergie s'agrandit encore.

Je n'ai alors plus la notion du temps ni de l'espace dans lequel je me trouve. Je suis avec mon âme. C'est une sensation d'unité. Tout est Un, Un est Tout.

Mon rationnel peut essayer d'intervenir, le Monde spirituel le supplante. Mon cerveau ne s'arrête pas de penser mais je n'utilise plus ses idées. Je suis comme «obligée» d'utiliser les énergies du Monde spirituel qui sont toujours neutres, bienveillantes. Elles ne me commandent jamais. Elles me donnent des idées, des suggestions, des affirmations. Je ne connais presque pas d'hésitation quand je travaille avec le Monde spirituel. Je me montre attentive à la façon dont je formule les choses qui me sont apportées.

Parlons méditation.

Quand je fais une méditation pour le plaisir et non pour une connexion, c'est le même protocole mais il se passe quarante à quarante-cinq minutes. Ça peut être beaucoup plus long. Dans ma méditation, je reviens doucement en reprenant conscience de mon corps physique. Je prends une ou deux grandes inspirations par le nez et j'expire par la bouche. Je bouge un peu mes orteils et mes doigts, je pense à mes jambes, mes bras, mon corps, ma tête et quand je me sens prête, j'ouvre mes yeux. C'est le «Off» ou «Stop» de la méditation.

Parlons de médiumnité de dialogue avec les défunts.

À l'étape du « On » vous êtes en présence de vos guides du Monde spirituel, affirmez-leur vouloir parler avec les défunts. C'est vos guides qui vont vous accompagner.

Je ne les vois jamais faire des mouvements, je les vois comme une image qui laisse une sensation, qui est peut-être accompagnée d'un son, d'une odeur ou encore d'un goût.

C'est ce que l'on appelle en médiumnité la claire-vision, la claire sensation, la claire-audition, la claire-audience et la claire-gustation. Nos guides utilisent nos sens pour dialoguer avec nous.

Par exemple, ils nous montrent une plage, avec un ressenti de besoin de liberté, nous entendons les vagues et avons peut-être une odeur d'eau de mer, accompagnée d'un goût sucré qui ressemble à une glace. J'en déduis que c'est sûrement le moment de se reposer et de se détendre au bord de la mer.

La grande difficulté de cet exercice est de donner une valeur à ce que l'on reçoit. Ce qui n'est pas si simple quand on vient du monde : « Je veux le voir pour le croire. »

Comme si le Monde spirituel allait faire l'entier du chemin. Nous devons faire à parts égales la moitié de ce chemin, puisqu'il n'a pas le droit de faire quelque chose dans notre vie que nous ne voudrions pas.

Tout cela est l'exercice principal qui nous permet de dialoguer avec les défunts. À force de nous exercer, nous prenons l'habitude de traduire ce que les défunts nous disent et acquérons la confiance que ce sont des informations sur lesquelles nous pouvons nous appuyer.

Parlons de médiumnité de guérison.

Le « On » est le même à chaque fois. Quand mes guides de guérison sont là, je me mets à leur disposition afin de laisser passer l'énergie de guérison. Ce sont eux les guérisseurs, ce sont eux qui donnent l'énergie divine de guérison. Moi je suis la médium, c'est-à-dire que je fais la connexion entre le Monde spirituel et la personne qui vient recevoir l'énergie de guérison. Mes guides font la liaison entre le Divin et moi. Chacun son travail !

Je demande à la personne si je peux poser mes mains sur son dos. Si la réponse est oui, je pose mes mains sur son dos. Il n'y a pas de manipulations physiques. Il est interdit de poser ses mains ailleurs que sur le dos ou les épaules de la personne. On ne touche jamais quelqu'un sur le devant de son corps. Si la personne n'a pas l'enVie d'être touchée, c'est une obligation de respecter son choix. Dans ce cas-là, il suffit de s'installer à côté d'elle, l'énergie de guérison passera très bien aussi.

Nous les médiums ne devons pas avoir enVie de soigner, mais de faire une excellente connexion avec nos guides spirituels, qui eux savent de quoi a besoin la personne qui vient recevoir.

Parlons du « Off » ou « Stop » après un travail en partage avec le Monde spirituel.

Cette étape est beaucoup plus simple pour moi. C'est quand je décide de me déconnecter du Monde spirituel. Mon travail avec les défunts est fini pour cette fois.

Encore une fois, je m'assois dans le calme et je leur dis que mon travail est terminé. Je fais une sorte de bilan de ce que j'ai aimé ou pas, ainsi que ce que je souhaite améliorer avec eux. Je les remercie du travail effectué ensemble et j'en profite pour leur demander de nettoyer et redonner de l'énergie à mon lieu de travail. Chez moi quinze à vingt minutes se sont écoulées et ma vie sur la terre reprend son cours.

« Sur le chemin spirituel, il ne faut rien chercher qui serait extraordinaire. L'extraordinaire est dans la profondeur de l'ordinaire ! »

Karlfried Graf Dürckheim

C'est une de mes citations favorites car je trouve que nous vivons des choses extraordinaires... au travers de l'ordinaire.

Comment cela se passe chez moi, dans mon ordinaire ? Je suis une maman, je prends le temps de me lever, d'être présente pour mes enfants parce que cela me plaît. Je ne suis pas toujours d'accord avec mes filles et mon amoureux. Cela pourrait être qualifié de routine ordinaire.

Comment cela peut-il devenir de l'extra avec de l'ordinaire ? Simplement en vous sentant bien dans le temps dédié à ces gestes ordinaires. Pour être franche, chez moi, cela représente une sacrée (r)évolution. Récurer, aspirer, réaliser ma popote, partir pour les commissions, cela ne m'a jamais passionnée...

Quand j'étais dans ma petite perfection illusoire, j'ai détesté tout ça. Et il y a mieux dans le pire ! Mon papa rigole encore lorsqu'il se souvient de mes séances de repassage. C'était le summum des corvées ménagères ! J'y allais en boudant, je passais le fer avec des gestes brusques en marmonnant. On aurait dit un ours mal léché qui repassait.

Lorsque je me suis retrouvée seule avec mes filles de 5 et 3 ans, je n'avais plus le choix, je devais assumer ces tâches toute seule. Comme cela a duré un bon moment, cela m'a obligée à comprendre ce que je devais changer pour être efficace et heureuse ! Dès lors, j'ai apprécié le ménage, la cuisine, les courses. Car cela me permettait de penser à moi. J'ai même commencé à aimer le repassage (parfaitement, papa !).

Plus j'ai été en accord avec ces choses ordinaires, plus elles se sont glissées naturellement dans ma vie. J'avais le choix de les prendre du bon côté. J'en ai développé les aspects positifs, j'ai profité de ce que cela m'apportait. J'ai accepté cet acquis « ordinaire », celui de devoir accomplir ces tâches parce qu'elles font partie de ma vie.

Elles en sont devenues « extra ». J'ai commencé à apprécier ce temps où je pouvais même être dans une sorte de méditation lente qui m'apportait beaucoup. J'ai su trouver le petit plus qui a transformé ces corvées en quelque chose d'extra.

Chacun d'entre vous peut faire cet extra-ordinaire quand il le veut. Il se situe juste après l'ordinaire. Quand vous allez faire des commissions, achetez-vous votre chocolat favori de temps à autre. C'est un extra. Pour y penser, à ce chocolat, cela part d'une structure consciemment bien implantée dans votre vie pour que les courses ne soient justement plus une course. Offrez-vous du temps, de la conscience, soyez bien avec vous-même. Cela demande une légère prise de conscience à la portée de n'importe qui.

Lorsque je boudais devant ma planche à repasser, j'essayais d'expédier ça au plus vite. Je n'étais pas très rapide et le résultat final n'était pas fameux. Quand j'ai inversé cette tendance, je finissais une chemise rapidement sans le moindre pli... même pas sur les manches ! Du pur « extra » ! Je suis fière du résultat !

RENTRER À LA MAISON

Je m'imagine évoluer en étant de plus en plus en accord avec moi-même. J'arriverai ainsi au dernier jour de ma vie terrestre. Je naîtrai dans cette autre dimension où continuera mon chemin d'âme.

Je pourrai sentir la vie quitter mon corps, j'en profiterai pour remercier ma vie au regard de ce qui a été accompli. Cela sera chouette de partir ainsi.

Je souhaite être en état de méditation et que le Monde spirituel m'informe que je suis complètement prête pour cette transition. Je serai à nouveau à la maison parce que j'aurai l'impression d'avoir fait ce pour quoi j'étais venue. Ce sera dans longtemps, il me semble l'avoir perçu.

Entre deux, je n'en sais rien. Je laisse les situations me montrer et m'apprendre. Comme dit le peintre Pierre Soulages : « C'est ce que je fais qui m'apprend ce que je cherche. »

Je veux continuer à être une bonne personne pour moi-même

et envers les autres. Un de mes buts : accompagner et partager le bonheur de mes filles, de mon amoureux, de nos familles ainsi que de tous ceux que j'aime.

Je veux laisser la vie me montrer ce qu'il y a de meilleur pour moi. J'aimerais mettre ma petite pierre blanche sur cette terre au milieu des vôtres. Je pense que j'ai acquis plein de choses et je suis certaine qu'il y en a une fois autant qui m'attendent. Je me réjouis de voir ce que je dois encore comprendre et intégrer.

Qui n'a pas EnVie de ça ? De cette passion, de cette force ? Prendre la sagesse de les savourer en s'aimant et en se respectant avec souplesse d'esprit. J'ouvre les portes pour le recevoir. Que ce livre vous permette d'en faire de même. Cela a été mon souhait durant toute son écriture.

Bien à vous,

Céline, Martigny, le 26 septembre 2018

PARTIE SURPRISE

L'enVie – Bonus

« Peut-être que l'amour, c'est ce mouvement par lequel je te ramène doucement à toi-même. »

Antoine de Saint-Exupéry

BONUS

J'ai demandé à des personnes proches, amies et amis, de me raconter une de leurs enVies.

Un de ces temps forts qui a fait changer le sens de leur vie. Une de ces expériences qui leur a demandé la force de suivre cette enVie au fond d'eux, quoi qu'il advienne, pour réaliser leur idéal.

Ensuite, je leur ai demandé de terminer par expliquer ce que cette expérience, une fois qu'elle était bien installée dans leur vie, leur a réellement apporté comme plus-value. Peut-être même des plus-values inattendues.

Mon souhait est que vous, lectrices et lecteurs de ces bonus, puissiez recevoir la motivation, d'où que vous veniez. Peu importent votre âge, votre quantité d'argent, votre sexe et votre orientation, votre confession ou votre milieu social... en suivant votre enVie, vous recevrez tout ce dont vous avez besoin pour évoluer comme vous le souhaitez.

Toutes les énergies du monde

À cette époque, je fréquentais les palaces et je reniflais les paillettes des stars. Pour moins me la péter, j'étais un humble critique de cinéma dans un journal cantonal et j'avais la chance de rencontrer des artistes qui me fascinaient. Les interviews se déroulaient dans l'univers cossu et feutré des hôtels quatre étoiles proches de la gare Cornavin à Genève. Bref, fin novembre 1991, j'ai pu approcher le réalisateur Alain Corneau. Il accompagnait la sortie de son film *Tous les matins du monde*.

Lors de la projection de presse, à Lausanne, l'exploitante des salles sédunoises s'était endormie à mes côtés. À son réveil, elle avait préconisé que c'était une daube et que cela ne ferait guère d'entrées. Quelques mois plus tard, *Tous les matins du monde* décrochait sept Césars, comme ça, au passage...

Moi, cela m'avait chamboulé, ému, interpellé.

Avec dépouillement et intelligence, *Tous les matins du monde* évoquait la transmission artistique sur fond de XVIIe siècle et de musique baroque. Personne n'attendait Alain Corneau, plutôt versé dans le film noir, dans ce registre sobre et lumineux.

Moi, j'étais à cent lieues de me douter d'un autre cadeau qu'il allait me faire.

Mes entretiens fonctionnent sur des échanges d'énergies. Lorsque je commence à poser mes questions, je n'emprisonne jamais, j'ouvre mes canaux et j'écoute ce qu'ils apportent à mon instinct. Parfois, lorsque je suis fatigué, des parasites brouillent les informations. En cette journée de novembre 1991, avant de serrer la main d'Alain Corneau, je portais sur mes épaules un stress plutôt costaud.

Là, dans cette salle du Bristol, à la moquette épaisse et aux fauteuils rouges, en un quart de seconde, cela s'est envolé. Un contact de paumes, des regards, ce gars irradiait une puissance joyeuse et contagieuse. Son film était aussi beau et puissant que lui. La connivence, l'échange, les correspondances, cela pulsait, cela vibrait. J'avais en face de moi un créateur comblé – il savait, malgré les risques pris, qu'il avait tapé juste – et il partageait cette aura. L'heure passée avec Alain Corneau m'a revigoré... durant des mois ! Sans rire ! J'étais retapé, motivé, remonté comme un coucou carburant au mouvement perpétuel.

J'ai revu, par la suite, deux fois Alain Corneau sans jamais retrouver cette sensation d'exception. Je l'ai, par contre, ressentie à des moments clés où tous les facteurs se réunissaient pour me combler et prenaient du sens. Cette plénitude est revenue à chaque fois que l'équilibre entre les souhaits et leur concrétisation présentait peu d'écart face à l'enVie initiale. Que j'avais réussi mon coup, quoi...

Jusqu'à présent, malgré un itinéraire parfois chaotique, je me considère comme un chanceux de l'existence. À chaque moment critique, un éclair de la force ressentie avec Alain Corneau me traverse. La synchronicité met sur mon chemin le trampoline idoine pour rebondir. Une porte qui est montrée en cache une autre qui s'ouvre vers des opportunités magnifiques. Voilà cinq ans, lorsque j'ai tenu entre les mains mon premier livre imprimé et publié, j'ai presque cru au Père Noël (ou plutôt à saint Nicolas, mon second prénom) ! L'émotion qui traversait mes cellules agitait mon ADN, secouait mes atomes, rivalisait avec l'énergie d'Alain Corneau.

Au printemps 2017, lorsque l'ouvrage de Céline se mettait sur les rails, elle m'a invité à deux ateliers. Par petites touches, j'ai approché ces forces dont les puissances positives tutoyaient celles du réalisateur Alain Corneau. Au sortir de ces quatre jours, quelques verrous s'étaient débloqués. J'étais plus en phase avec mes enVies car les retours devenaient proportionnels aux joies partagées.

Après, le plus grand privilège que je puisse m'accorder, en tant qu'homme de mots, c'est de ne plus rien verbaliser et laisser venir ce qui doit le faire. L'enVie enlève les filtres pour une Vie vraie.

Joël Cerutti

Journaliste, écrivain, passeur de passions

Les envies qui ont changé ma vie

Les envies ou les désirs guident nos choix en désignant des objectifs. À nous de savoir évaluer les avantages et les risques des décisions que nous prendrons en les ayant pris pour cibles.

Ce fonctionnement fondamental s'impose à nous pour mener notre existence. Cependant, la plupart des gens n'aiment pas sortir de leur zone de confort et quand les risques d'un changement sont trop importants, l'envie demeure inassouvie.

En ce qui me concerne, il y a eu dans ma vie deux grands tournants induits par des envies impérieuses qui m'ont mis en danger en m'orientant sur des territoires marginaux et violemment combattus : le premier est survenu à la fin de mes études de médecine et le second il y a seulement cinq ans.

Ma première envie fut induite par un événement inattendu survenu lors d'une garde médicale faite dans un service d'urgence mobile. J'avais effectivement décidé de me former aux urgences en m'inscrivant dans ce stage car je devais m'installer prochainement comme médecin de campagne et gérer le tout-venant en sachant me débrouiller dans n'importe quelle circonstance. Tout était calé : notre future habitation, un joli corps de ferme au milieu des bois, le rachat de la clientèle d'un médecin prenant sa retraite, le prêt bancaire pour obtenir tout cela, sans oublier l'investissement de mon épouse qui s'était formée au secrétariat médical en abandonnant son projet de professeur d'éducation physique. Bref, ma vie était tracée. J'étais sur des rails. Et là, boum ! L'imprévu vient chambouler tous ces jolis plans en moins de cinq secondes.

Le souvenir est précis et demeure indélébile. Une route départementale au petit matin. Les flashs bleus des véhicules des pompiers déjà sur place guident notre approche. La peur au ventre, je suis dans le camion médicalisé à côté du conducteur. L'appel d'alerte est tombé quelques minutes plus tôt à la régulation du SAMU : un accident grave avec plusieurs véhicules en cause, au moins 4 blessés dont un est en cours de désincarcération. Le réanimateur qui d'habitude m'encadre étant déjà pris sur une autre intervention, je ne suis pas rassuré car c'est la première fois que je dois gérer seul une sortie médicale. Notre arrivée sur les lieux n'est pas faite pour me calmer. Deux cadavres allongés sur le bord de la route recouverts d'un drap blanc font accélérer mon cœur. Des projecteurs éclairent la carcasse d'une voiture écrasée en contrebas de la chaussée. Des pinces motorisées découpent les tôles pour tenter de dégager la personne coincée à l'intérieur. On m'accompagne devant le trou béant dans lequel je dois m'engouffrer pour secourir celui qui reste prisonnier de l'amas de ferraille. Je me faufile comme je peux, ma valise d'urgence à la main. Le malheureux est un jeune homme d'une vingtaine d'années au regard clair. Son visage est constellé de petites coupures probablement secondaires à l'explosion du parebrise. Il respire encore mais son souffle est court et saccadé. Son pouls est imperceptible, il a dû perdre beaucoup de sang. Il faut le perfuser au plus vite. J'essaie de le piquer une fois, deux fois... dix fois. Rien à faire. Il va mourir, c'est sûr, si je ne parviens pas à mettre en place cette foutue perfusion. Je peste et râle après moi. Sous l'émotion mes mains tremblent sur son bras livide... Puis, lentement, sa pupille se dilate, son regard s'éteint et je perçois une chose incroyable et indicible. Je sens la vie qui s'échappe de son corps ; une sorte de présence joyeuse. Une délivrance. C'est émouvant et terriblement réel. L'esprit sort par le haut de son crâne. Le souffle de son âme. L'essence même de tout son être en partance pour l'autre monde. Et moi je suis pétrifié sur place et presque joyeux de cette époustouflante révélation qui est pour moi une évidence : la vie se poursuit après la mort.

Tout se passe exactement comme dans ce livre de témoignages écrit par le Dr Raymond Moody dans les années 1970 dans lequel des personnes en état de mort imminente racontent être sorties de leur corps par le haut de leur tête au moment de l'arrêt cardiaque. En moins de cinq secondes, toute ma vie va changer. Je le décide dans la minute qui suit. Je ne serai pas ce médecin généraliste installé à la campagne dont mon épouse rêvait. Je ferai trois ans d'études supplémentaires. Je passerai le concours à Paris pour devenir anesthésiste réanimateur et j'étudierai les expériences de mort imminente.

Ma deuxième envie plus récente m'a conduit à organiser des ateliers pour reconstituer sous hypnose des expériences de mort imminente. Je nomme cette technique la transcommunication hypnotique (TCH). En 2014, mon éditeur Guy Trédaniel m'invite à déjeuner pour fêter la sortie de mon nouveau livre *Les 3 clés pour vaincre les pires épreuves de la vie*. Dans cet ouvrage, je propose un nouveau concept du fonctionnement de la conscience qui oppose une conscience analytique cérébrale (CAC) à une conscience intuitive extraneuronale (CIE). En gros et pour faire simple, la CAC est reliée à toutes nos perceptions sensorielles tandis que la CIE reçoit tout ce qui est du domaine de l'extrasensoriel : informations médiumniques, télépathiques, voyance, vision à distance ou remote viewing, régressions dans des vies antérieures, intuitions, prémonitions, la liste n'est pas exhaustive. La CIE ne se déclenche que lorsque l'activité neuronale cérébrale de la CAC ralentit : pendant le sommeil, le coma, l'anesthésie générale, la méditation ou l'arrêt cardiaque. Guy Tredaniel me demande entre deux bouchées si en faisant ma tournée promotionnelle de ce livre au Canada je ne pouvais pas organiser à Montréal des workshops, des ateliers qui mettraient en évidence le fonctionnement suggéré dans mon nouvel opus. Oui mais voilà, ce projet est dans mon cas impossible ; je n'allais quand même pas provoquer des arrêts cardiaques ou induire des anesthésies générales pour inhiber la CAC des participants ! Alors comment faire ?

La solution me tombe du ciel dans l'avion qui me ramène à Toulouse. La personne assise à mes côtés s'est assoupie. Sur ses genoux, un magazine ouvert sur un article dont le titre me saute aux yeux : « L'hypnose : la solution à tous vos problèmes ? » L'hypnose, mais bien sûr, voilà une façon efficace et sans danger pour ralentir la CAC ! Pourquoi n'y ai-je pas pensé plus tôt ? Aussitôt rentré chez moi, je me suis mis en quête de confrères anesthésistes pratiquant l'hypnose en bloc opératoire pour pouvoir me former à cette technique. Six mois plus tard, je débutais mon premier atelier de TCH à Montréal. Cette initiative a totalement changé ma vie puisque mon activité de médecin anesthésiste s'est réduite de 50 % pour que je puisse satisfaire aux demandes de celles et ceux qui veulent participer à mes séances de TCH.

Les résultats

Mes deux envies assouvies ont bouleversé ma vie. Elles ont suscité de violentes attaques, des invitations aux explications par mes pairs du Conseil national de l'ordre des médecins, des courriers anonymes d'insultes et même des menaces de mort ! Cela semble incroyable que l'on puisse arriver jusque-là pour de simples idées !!! C'est pourtant la vérité : l'intolérance et la bêtise rentrent vite en ligne de compte quand on veut faire bouger les lignes. Pourtant, je ne regrette rien et je referais exactement le même chemin si l'occasion m'en était donnée. Je reçois beaucoup de joie à aider les gens à se débarrasser des angoisses de la mort et à être apaisés par rapport aux douleurs du deuil. Les recherches et les travaux publiés dans mes livres ainsi que mes conférences sur ce sujet connaissent un succès grandissant.

Aujourd'hui, ce sont mes ateliers de TCH qui sont en exergue. Il suffit que j'annonce un lieu et une date quelque part pour que tout soit complet en seulement quelques heures. Ne pouvant faire face à cette incroyable demande, je vais mettre en place des formations pour que des médecins, des psychiatres, des hypnothérapeutes puissent utiliser la TCH pour leurs patients ou leurs clients. Je n'appartiens à aucune association scientifique, politique, religieuse ou philosophique. Je ne dépends financièrement d'aucune structure privée ou publique puisque ce sont les participants à mes séances de TCH qui en payant leur ticket d'entrée me donnent cette parfaite autonomie. Je suis cet électron libre qui dérange « l'establishment ». Ce rôle me plaît bien. C'est tout petit un moustique, mais essayez donc de dormir avec un moustique dans votre chambre...

J'encourage les gens à aller au bout de leurs rêves et de leurs envies. Je les invite à laisser leurs peurs de côté et à vivre pleinement ce que leur souffle à l'oreille leur intuition. La chance sourit aux audacieux, dit la sagesse populaire. Oui, l'Univers aide toujours les belles initiatives quand elles sont justes et quand elles aident à comprendre que le chemin de la vie est surtout et avant tout le chemin de l'Amour.

Jean-Jacques Charbonier

Anesthésiste, réanimateur, auteur, conférencier, créateur et animateur de transcommunication hypnotique

enVie

La liberté c'est trouver en soi la motivation de son action, agir par enVie, porté par l'intuition de sa véritable identité. C'est ce qu'on apprend aux enfants à l'École Steiner. Voici un bel exemple d'une de mes enVies, a priori hors norme et marginalisante, qui a eu d'heureuses conséquences. Mes enfants, Yona et Léo, 17 et 19 ans, sont épanouis et heureux ! Nourris, grâce à cette pédagogie, d'art, de spiritualité et d'expériences vivantes en plus des mathématiques !

Toute ma vie, j'ai œuvré par enVie uniquement, et choisi de concrétiser mes rêves. Je fais partie de ceux qui ne bougent jamais sans une forte motivation intérieure. Cela m'a plutôt bien réussi alors que ce besoin de liberté, de cohérence et de sens m'a poussée loin dans la prise de risque parfois ! Comme quand je suis partie à l'aventure à 16 ans à Mexico, sans avoir terminé l'école, avec une amie et quelques pesos... Je n'ai à ce jour, à 53 ans, toujours aucun papier reconnu à part mon permis de conduire ! En revanche, j'ai réalisé des films, écrit des livres, créé des associations d'utilité publique – Rebond'art et Œil Ouvert –, œuvré dans l'art, le social et aujourd'hui, j'ose mettre sur ma carte de visite à côté de « Réalisatrice et auteure », « médium-guérisseuse ».

Je crois que nos enVies sont des appels d'âme, les suivre n'est pas un caprice mais un besoin essentiel qui nous guide vers l'accomplissement de notre être. C'est ainsi qu'on est utile au monde.

Lorsqu'adolescente je suis partie au Mexique, tous s'inquiétaient: « Mais que vas-tu faire plus tard... ? » C'est pourtant là-bas, en terre inconnue, que j'ai vécu une seconde naissance qui a déterminé l'ensemble de mon avenir professionnel. J'y ai découvert le cinéma en travaillant comme mannequin pour une directrice d'agence à qui, par pure intuition, j'ai fait confiance... Puis j'ai suivi dans ses aventures artistiques un metteur en scène au cœur large qui a planté plusieurs graines que je devais faire germer plus tard: amener l'art en prison, dans la rue, dans les bas-fonds. Les éclairer de beauté.

Plus tard, de la même façon, mue par une forte intuition et une bonne dose de liberté d'être, mes pas m'ont menée sur le chemin de la médiumnité! Critiquée, jugée naïve, j'ai fait fi des mauvaises langues. Je me savais «alignée» et en cohérence avec mon être profond, mon âme. Aussi, après m'être formée comme médium-guérisseuse, j'ai ouvert l'Atelier infini avec une collègue et complice. Aujourd'hui c'est plus d'un millier de personnes que j'ai pu aider par ce biais, et ce n'est qu'un début! J'organise des séminaires en mer Rouge pour communiquer avec les dauphins et j'étudie la création d'égrégores dans le but de lancer un projet mondial d'écologie. Bref, mes enVies étant intarissables, je travaille sans cesse. Cela fait partie des dégâts collatéraux!

Mon fils fait du rap, de la boxe – niveau international – et réussit brillamment à l'école. Ma fille est partie à 17 ans vivre à Berlin et y passer une maturité en allemand. Elle avait besoin de challenge! Elle allie à merveille l'intuition, la bienveillance et la détermination.

Les deux suivent leurs enVies et cela me rend heureuse. Mieux encore, je suis certaine que c'est cela qui nourrit et enchante le monde: vivre le pourquoi nous sommes en vie, notre «mission» d'âme en quelque sorte, qui se manifeste presque toujours par la joie d'accomplir.

En conclusion, je crois que trois alliés sont essentiels pour que les enVies se concrétisent, et c'est cela que nous devrions enseigner à nos enfants et dans les écoles: la créativité pour faire autrement, l'amour pour avoir des ailes, l'audace pour oser réaliser dans la matière ce dont nous rêvons! Et chaque jour je remercie ces trois amis «créativité, amour et audace» et j'en prends grand soin! Gratitude! Vous venez?

Denise Kikou Gilliand

Réalisatrice, auteure, médium-guérisseuse

« Qu'est-ce qu'il vous faut de plus ? »

Je connais depuis peu le célèbre Dr Jean-Jacques Charbonier. J'ai eu la chance considérable de le recevoir plusieurs fois en direct dans l'une de mes émissions à la radio et j'ai souvent été fasciné par les prises de position de ce scientifique reconnu (médecin anesthésiste-réanimateur). La science tente enfin une cohabitation avec l'irrationnel... Gratitude !

Celui que je vais mettre peu de temps à appeler Jean-Jacques me laisse un message par e-mail me présentant son prochain ouvrage aux Éditions Trédaniel, *La mort expliquée aux enfants mais aussi aux adultes*.

Dans son message Jean-Jacques, touché par mes invitations médiatiques, me propose d'être le producteur de sa prochaine conférence à Toulouse et en guise de remerciement, il consent à m'offrir sa prestation.

Mélange de surprise, d'émotion puis d'excitation. J'ai dû déglutir trois fois de suite. Relire son message cinq ou six fois et entendre cette petite voix intérieure me criant : « Fonce !!!! »

Quelques jours plus tard, le bureau de presse de Jean-Jacques me fait parvenir ce fameux ouvrage que j'attendais comme un cadeau du 24 décembre à minuit.

Parmi les plus de 600 livres de ma bibliothèque, je ne sais pas encore que celui-ci aura une saveur et une résonance très particulières.

Je commence sa lecture. C'est à la fois le journaliste « futur producteur » qui se délecte de son contenu, l'homme que je suis face à cet enjeu inévitable qu'est la mort mais aussi le papa qui devra, un jour, répondre à cette question tellement embarrassante de l'un de ses enfants : « Papa, il se passe quoi quand on est mort ? »

Les trois cents pages se lisent avec une facilité déconcertante. Les témoignages recueillis par le Dr Charbonier se succèdent. Des synchronicités magnifiques, des faits scientifiques avérés et prouvés.

Pourtant, je ne peux m'empêcher de me sentir blessé, triste, mal à l'aise. Ce travail qui est censé m'apaiser m'inflige une pression et un questionnement qui, au fil des pages, résonnent comme un bourdonnement très désagréable. Des dizaines de témoignages de ceux qui ont eu la chance suprême de ressentir une présence, recevoir un signe, une attention... alors que moi... je ne vois rien, n'entends rien, ne ressens rien? Ma spiritualité est-elle encore en état de veille? Suis-je si en retard que cela? N'ai-je pas les capacités nécessaires pour avoir le droit de croire?

Comme lors d'une méditation, je tente de maîtriser mon esprit en l'empêchant de vagabonder afin de rester concentré sur ma lecture. Mais rien n'y fait et c'en est trop. L'émotion me gagne et je ne veux plus lire la suite... D'un geste violent je jette le livre sur le mur de mon bureau.

72 heures passent. Le livre est resté à la même place, ouvert en son centre. La date du jour J de la conférence approche. Ma conscience professionnelle m'impose de reprendre les armes et de lutter contre mes pensées néfastes. Je dois finir le livre, en faire une synthèse et préparer les fiches pour l'interview en public qui s'annonce. À cet instant, c'est à mon père que je pense et je lui parle: « Papa, je vais faire ce nouvel effort, mais si tu ne me fais pas un signe, là tout de suite, je t'assure que je laisse tomber. »

Je récupère le livre directement à la page 121 restée cornée. Au bas de cette page, sur le dernier paragraphe, Jean-Jacques revient sur une séance de dédicaces durant laquelle une femme lui a tendu son livre: « Bonjour Madame, à quel nom souhaitez-vous la dédicace? » « À mon frère, Mickey... il est décédé d'une crise cardiaque... »

Le choc, le tremblement de terre. Mickey! Le pseudo affectueux de mon père. Tout le monde, amis, famille, parents, même ma mère appelaient mon père sous ce sobriquet: Mickey! Et mon père est bien décédé d'une crise cardiaque le 1er août 1990.

Est-ce un signe? Une synchronicité que j'attends depuis toujours? Quelle probabilité ai-je de lire, à cet instant, pile sur le pli de cette page, le nom de Mickey et d'une mort par crise cardiaque après en avoir fait la demande à mon père quelques secondes au préalable ?

Je suis bouleversé. Je décide d'appeler Jean-Jacques sur-le-champ. Je m'attends à créer chez lui un bouleversement semblable au mien et pourtant c'est de son calme légendaire qu'il me suggère de tourner la page et de poursuivre la lecture du paragraphe... Il raccroche.

Page 122 donc. La personne à l'origine de cette histoire incroyable souhaite régler le livre de Jean-Jacques en faisant un chèque mais elle n'a pas de stylo et derrière elle, l'empressement de l'interminable file d'attente se fait sentir.

À cet instant, un bras se tend devant elle en pointant un stylo sur lequel est gravée... une tête de Mickey. Et cette dame de rétorquer :

« Vous pensez que c'est un signe, Docteur ?

« Qu'est ce qu'il vous faut de plus, Madame ? »

Que me fallait-il de plus ?

Marc Leval
Fondateur, ABC Talk Productions
Cofondateur de l'Institut de recherche et de communication sur la conscience intuitive extraneuronale (IRCCIE)

Les expériences qui font changer le sens de notre vie

La vie est pleine de virages. Un des plus importants que j'ai réalisés a eu lieu pendant la traversée d'une de ces phases que l'on qualifie de « périodes noires », où nous avons l'impression que la vie s'acharne sur nous et que nous avons du mal à comprendre le pourquoi de tant de souffrance. C'est souvent dans ces périodes que nous allons au fond de nous-mêmes pour trouver cette étincelle de vie qui nous donne la force de réaliser ces grands revirements.

Juste un peu avant, je semblais un exemple de réussite à tous les niveaux, professionnel, social et familial. Originaire d'Espagne, arrivée en France à 23 ans, j'avais repris des études car mon diplôme d'institutrice n'avait pas d'équivalence. Je me suis orientée vers la gestion des entreprises et après trois ans d'études, j'ai été embauchée dans une entreprise qui était en pleine croissance. Pendant quinze ans, je me suis donnée à fond et cela a porté ses fruits. J'ai gravi très vite les échelons et je me suis retrouvée dans un poste de cadre administratif avec d'importantes responsabilités. En même temps, la vie familiale s'était bien épanouie aussi, je vivais agréablement avec mon compagnon et nos deux enfants. Nous avions toutes les choses dont la plupart des personnes rêvent, un bon travail, une belle maison, des beaux enfants en bonne santé, de bons amis... tous les ingrédients que la société considère comme importants pour être heureux, et pourtant...

Quand en 2001 j'ai appris que j'avais une hépatite C, je suis restée un long moment en état de choc. Pourquoi moi ? Pourquoi cela ? Je ne connaissais pas cette maladie qui me semblait étrange et mystérieuse. Plein d'émotions remontaient en moi et aussi beaucoup de questions.

J'avais besoin de comprendre le sens profond de ce qui m'arrivait.

Un an plus tard, ma sœur m'a annoncé qu'elle avait un cancer du foie très grave, d'un coup mon problème de santé a perdu de l'importance et je me suis sentie poussée à l'accompagner. Même si nous habitions loin l'une de l'autre, même si mes enfants étaient encore petits, même si mon travail me demandait beaucoup d'énergie et que j'étais assez fatiguée par ma maladie, une seule chose comptait: ma sœur avait besoin d'aide. Ses deux enfants étaient encore plus jeunes que les miens, c'était une évidence que j'allais être à ses côtés dans la traversée qui se présentait à elle.

Aujourd'hui je peux dire que ces deux années ont été une des périodes les plus riches de ma vie. J'ai appris à faire la différence entre ce qui est important et ce qui ne l'est pas, j'ai appris la nécessité de lâcher tout ce qui n'est plus utile et en accord avec mes valeurs profondes pour me consacrer à l'essentiel. J'ai appris que la mort n'est qu'un passage (pas sage) et que la vie continue toujours car même si nous quittons notre corps nous continuons de vivre. J'ai appris qu'il y a beaucoup de choses qui nous échappent et que même si nous ne comprenons pas tout, tout de suite, tout ce qui nous arrive est toujours pour notre plus grand bien et pour nous faire grandir.

Je me demande encore d'où j'ai sorti les forces pour traverser cette période, car j'ai été capable, malgré la maladie et le manque d'énergie qu'elle occasionnait, de quitter un travail qui ne me convenait plus mais qui m'apportait un sentiment de sécurité et de me séparer de mon compagnon avec qui la situation était devenue trop difficile. J'ai eu le courage de faire ce saut dans le vide, sans savoir où j'allais et en ayant comme unique certitude cet appel du cœur qui me disait: vas-y, fais-le!

C'est peut-être cela la plus grande leçon que j'ai apprise. La Vie ne nous demande qu'une seule chose: un engagement total envers elle. Elle n'attend qu'une seule réponse de notre part, un OUI plein, le cœur ouvert et confiant comme un enfant. Elle nous demande d'être prêt à savourer chaque expérience peu importe la saveur ou la couleur pour qu'elle puisse nous livrer ainsi tous les trésors cachés qu'elle contient à l'intérieur.

La Vie ne nous demande pas de la changer, elle nous demande de l'aimer pour que nous puissions sentir à notre tour à quel point elle nous aime.

Maria-Elisa Hurtado-Graciet

Auteur, conférencière, praticienne en hypnose, techniques psycho-énergétiques

enVie

Petite, j'étais une fille déjà très instinctive. Non pas que tous mes élans étaient alignés et guidés par mon cœur et ma sagesse intérieure, mais parce que parfois je savais, je sentais quand il fallait y aller, coûte que coûte. Cela m'apparaissait soudainement comme quelque chose de vital, d'inévitable.

Je me souviens notamment de la fois où j'ai commencé à faire du judo à l'âge de 14 ans, sans avoir demandé ni l'avis, ni l'aval de mes parents. Ce choix surprenant et très indépendant pour mon âge avait débloqué tant de choses dans ma vie ! Mais c'est celui que je pris durant l'année de mes 20 ans qui me revient en mémoire. Un choix qui changea complètement le cours de ma vie.

J'étais alors étudiante en sciences des religions et en anthropologie sociale à l'Université et je décidai de partir en pèlerinage dans le désert du Sinaï, en Égypte, en compagnie d'un groupe guidé par un diacre et des Bédouins qui étaient aux petits soins avec nous. Ce voyage représentait une sortie de zone de confort totale pour l'étudiante que j'étais. Je n'avais pas un sou en poche et n'avais jamais voyagé seule, sans la présence de mes proches. Mais j'avais tellement envie d'y aller ! Découvrir un endroit aussi riche d'histoire et d'empreintes religieuses différentes, côtoyer des personnes d'une autre culture que la mienne, voir les pyramides... Je n'y voyais que des choses positives ! Le choix intérieur était déjà fait, mais je n'avais ni les ressources matérielles, ni les conditions idéales pour réaliser mon envie. En effet, ce voyage tombait en plein milieu du semestre et ma raison aurait rapidement pu me rappeler de rester sagement assise sur les bancs de l'Université... Mais la tentation était trop grande ! La mouche m'avait piquée et j'entrepris alors toutes les démarches pour réaliser ce voyage dans le désordre le plus total ! Je commençai par envoyer mon inscription. Les places étaient limitées, il ne fallait pas trop tarder. Pas très raisonnable, me direz-vous, de s'inscrire officiellement avant d'avoir les fonds nécessaires ! Mais je tentai quand même le coup et à ma grande surprise, la personne en charge de l'organisation accepta d'encaisser le prix du voyage ultérieurement et me fit même une réduction en raison de mon statut d'étudiante ! À la suite de quoi je me mis à chercher un travail afin de récolter l'argent nécessaire. Il me restait peu de temps, seulement quelques semaines avant la reprise des cours. Et à nouveau, bingo ! Je trouvai le job idéal ! On m'engagea pour une durée de trois semaines dans la coordination événementielle d'un festival de musique classique. Que l'expérience fut belle ! Et je n'y rencontrai que des personnes merveilleuses. À la fin du contrat, j'avais sur mon compte en banque plus d'argent que je n'en avais jamais eu. Le premier montant à trois chiffres de ma vie ! Rendez-vous compte ! J'avais l'impression d'être millionnaire ! J'aurais pu m'offrir plus de sorties, agrandir ma garde-robe, remplir mon frigo pendant plusieurs semaines ou plus encore. Mais je choisis l'Égypte. J'avais senti cet appel en moi comme une évidence. Celle de mes parents fut un peu moins facile à lire sur leurs visages ! Me voir faire des efforts pour gagner un peu ma croûte, puis aussitôt la dépenser pour un voyage organisé durant mon temps d'études... Pas facile facile ! Mais ils savaient qu'il serait vain d'essayer de me dissuader. Cette force qui me traversait mettait tout en place dans ma vie, afin que j'aille au bout de cette idée, même jusqu'au jour où je découvris qu'un séminaire sur le thème des pèlerinages figurait dans mon programme semestriel ! C'était tout vu. L'Égypte et ses secrets m'attendaient les bras ouverts.

L'expérience du désert fut riche et me révéla sans nul doute à moi-même. Sans artifices, dépossédée des attachements matériels et superficiels, je me vis pour la première fois telle que j'étais. Le « faire » et le « paraître » avaient laissé place à l'« Être »... C'est comme si ce voyage avait permis à mes horloges internes de se réparer afin de repartir sur la bonne heure, ou autrement dit sur la voie du bonheur. À partir de cet instant, tout prit une tournure différente dans ma vie. Remettre les pendules à l'heure ne fut pas toujours agréable et facile. Il me fallut traverser des épreuves, reconnaître et guérir mes blessures, ainsi que faire preuve de beaucoup de courage pour laisser ce flux naturel, cet amour universel continuer à s'infuser en moi et me remettre sur les rails. L'Égypte me révéla de plus ma passion pour les danses orientales !

Que je suis reconnaissante aujourd'hui d'avoir suivi l'élan de mon cœur ! Merci la Vie.

Océane Garbiec, 26 ans
Médium, thérapeute, énergéticienne

enVie

Une des enVies les plus fondamentales que j'ai vécues s'est produite alors que j'avais environ 23 ans. C'est celle qui m'a le plus bouleversée et a irrémédiablement modifié le cours de ma vie. Cette enVie a fait qui je suis devenue aujourd'hui, chose la plus improbable et inenvisageable alors.

Durant un week-end, j'étais allée faire du camping avec mon copain de l'époque. Nous nous sommes disputés assez violemment et je suis partie sur un coup de tête me baigner dans un lac à proximité, pleine de rage.

Soudain, alors que je nageais, le temps s'est arrêté et l'espace s'est ouvert. Le Monde s'est montré à moi. D'une manière que je n'avais jamais vécue, et encore moins imaginée. Je m'éveillais – au sens littéral – du rêve médiocre et confiné que je prenais pour la réalité. J'ouvrais les yeux pour la première fois. Je voyais, sentais, percevais, vibrais l'univers entier. J'étais « moi » (enfin, ce que je croyais être « moi »), j'étais mon corps, mais j'étais aussi le ciel, l'eau, les arbres et au-delà... et j'étais simultanément chaque cellule de mon corps tout aussi bien que l'interface de contact entre l'eau et ma peau.

Je goûtais à la perfection du Tout avec une conscience aiguë, précise, détaillée, tout autant que vaste, insondable, immense. J'avais accès à la connaissance totale de ce qui est (était et sera, puisque le temps n'existait plus).

Combien de temps cela a-t-il duré ? Je n'ai jamais su le dire. Je décrirai plus tard cet événement comme un instant d'éternité.

Cela s'est refermé, tout doucement, comme des paupières qui se baissent lorsqu'on s'endort. Ma conscience se glissait à nouveau dans l'espace de ma petite tête, dans mon corps aux perceptions limitées.

N'étant pas du tout préparé à ce genre d'expérience, n'en ayant jamais entendu parler, et bien évidemment ne sachant qu'en faire, mon cerveau glissa tout cela aux oubliettes. Mais l'enVie s'était insidieusement installée, elle devint ma boussole. Après avoir goûté à cet état d'être, une partie de moi en devint assoiffée. Sans vraiment m'en rendre compte, je me mis en quête. En effet, après avoir été pleinement en Vie, comment se contenter de vivre dans ses vieilles petites baskets ?

Cette quête pour revenir à cet état de vie prit deux chemins parallèles. Le premier fut la connexion au monde spirituel via le chamanisme, et le second fut la compréhension de comment nous fonctionnons. Je me suis intéressée aux neurosciences, à la physique quantique, à la communication, à la relation interpersonnelle, aux thérapies brèves. J'ai fait de la méditation et du yoga.

Mon premier contact avec le monde spirituel lors d'un voyage au tambour a été très particulier. J'avais l'impression de ne rien voir, contrairement aux autres, ce qui fut très frustrant – alors qu'il y avait des myriades d'yeux qui m'observaient (les esprits étaient bien là !!). Cette frustration réveilla ma détermination. (J'en profite pour souligner que l'enVie se déguise parfois pour mieux atteindre son but !) Je suis allée faire des soins chamaniques, j'ai rencontré d'autres chamans, de différentes tribus, et pratiqué toutes sortes de cérémonies. À l'époque, toutes ces choses étaient taboues, contrairement à aujourd'hui, et m'ont demandé de dépasser énormément de conditionnements.

Je voulais voir, comprendre, guérir, encore et encore. Guidée par l'enVie, j'étais en train d'acquérir de vraies capacités et une pratique très poussée. J'ai eu la chance de rencontrer des personnes vraiment extraordinaires qui ont su me guider, m'amener à développer des talents endormis, me montrer comment les utiliser. J'ai aussi eu la chance de rencontrer des gens bien moins bienveillants, des personnes qui maîtrisaient peu les mondes spirituels ou qui recherchaient le pouvoir sur les autres, et grâce à qui j'ai appris le discernement, une éthique et l'humilité.

J'ai été amenée à voyager, à déménager, à changer de métier plusieurs fois, à rencontrer des gens du monde entier, à faire des choses qui me paraissaient impossibles, à vivre des expériences improbables. L'enVie m'a ouverte à l'amour, au respect, à une conscience bien plus élargie et intégrative. Elle m'a fait sortir de mes programmations, dépasser les normes de la société, changer mes rapports aux autres, communiquer avec l'invisible et développer de nouvelles capacités. Elle continue impérieusement à déstructurer tout ce qui pourrait à nouveau se figer par la pensée ou le confort de l'habitude, à me faire développer de nouveaux axes. À rester vivante dans le flux de l'instant et dans la magie du monde.

Cette enVie m'a finalement conduite à dédier mon existence à éveiller d'autres personnes à leurs propres enVies. Ce qui est le plus grand cadeau reçu pour l'avoir suivie.

Ingrid Nicolas / Aynea Heyoka
41 ans, chaman et coach de vie

Mon enVie prend son enVol

En résonance à l'enVie de Céline Sommer, l'événement qui a changé le cours de ma vie est porté par la dynamique de l'enVol : coïncidence ?

Il y a plus de dix ans, c'est lors d'une séance chez Céline que je découvre que l'on peut communiquer concrètement avec les morts. Avec un grand naturel, la médium me présente mon grand-père paternel, le décrit avec beaucoup de détails et me transmet son message, bienveillant et singulièrement pertinent.

Stupéfait, émerveillé sur le moment, je retourne pourtant normalement à mon quotidien. Puis le printemps suivant, à ma grande surprise, lors d'une méditation dans un ashram indien, le visage de mon grand-père m'apparaît en trois dimensions et, les yeux dans les yeux, d'un message clair et précis, il me donne une mission.

Aider prochainement mon père à franchir le cap de la mort.

Effectivement, quelques mois plus tard, au chevet de mon père agonisant, n'ayant plus rien à perdre, pour soulager ses trop longues souffrances je fais appel au Monde spirituel et soudain, inspiré par une grande clairvoyance, guidé par une force aimante et puissante, je l'emmène à sa mort.

Il s'éteint dans mes bras, à ma droite, et au même instant, apparaît à ma gauche, apaisé, lumineux ; il me regarde avec amour, m'offre son plus beau sourire et... s'envole.

Quel cadeau ! Le plus beau de ma vie.

Porté par cette vision, cet enVol révélé, je me lance résolument dans l'apprentissage de cette communication extraordinaire en allant me former dans un haut lieu renommé du spiritisme : le Collège Arthur Findlay, au sud de l'Angleterre.

Comme pour tout langage, en médiumnité, il faut s'initier aux techniques de base, apprendre un alphabet et ainsi pouvoir suivre cet enseignement particulier, afin d'être capable un jour de se mettre au service du Monde spirituel pour transmettre ses messages.

Motivé par des enseignants passionnants, lucides et exigeants, je réalise des progrès fluides.

En fait, je rentre à la maison, je retrouve une famille qui parle ma langue !

Étrangement cela ne m'étonne pas, car depuis mon enfance je vis une médiumnité naturelle, légère et joyeuse. Enfant, je naviguais ingénument entre les deux mondes : le réel et l'irréel.

Mais en grandissant, j'ai pris conscience de la non-normalité de ces voyages et c'est pourquoi j'ai cessé le récit de mes aventures singulières, hors du commun, pour revenir dans la norme.

Aujourd'hui, alors que je suis à nouveau à leur écoute, mes guides spirituels m'aident à retisser le lien avec l'au-delà. Même en tant qu'adulte, il est important pour moi que la médiumnité reste spontanée, enjouée.

La joie représente un élément essentiel dans mon engagement ; elle m'aide aussi à passer au-dessus des jugements négatifs et de l'appréhension que mon activité provoque chez certaines personnes.

Communiquer avec les morts fait peur.

La plus-value inattendue de ma formation spirituelle est d'avoir osé lier médiumnité et expression artistique. En côtoyant différents médiums artistes, explorant avec eux tout un éventail de techniques de correspondances originales, mon champ des créativités s'est étoffé. Avec humour, je nomme ceci la communication par *arts interposés*.

Depuis plus d'une année, je développe une pratique médiumnique qui me correspond bien : la lecture de messages par le biais de peintures à l'encaustique (ou à la cire). Expérimenter les mouvements de cette expression inspirée, explorer ses vagues lumineuses, les formes, les couleurs, les clartés, les ombres : permettre à l'énergie spirituelle de se dessiner et ainsi de dévoiler ses informations, ses conseils.

Aujourd'hui cœur et âme ouvrent le bal et cette danse se fait belle : je suis guidé par l'amour, la bienveillance, le partage, et ces nouveaux horizons me transforment.

Me relier au Monde spirituel a libéré cette enVie au fond de moi qui a magnifiquement pris son enVol, tout en joies et en couleurs.

Thierry Dafflon, 55 ans
Faiseur de mode(s) et médium

LIVRES INSPIRANTS

On nous appelait les Sauvages, **Dominique Rankin** et **Marie-Josée Tardif**, Éditions Le Jour (2012)

Trouver la paix intérieure avec le Ho'oponopono pour les nuls, **Maria-Elisa Hurtado-Graciet** et **Jean Graciet**, Éditions First (2014)

Vers la sobriété heureuse, **Pierre Rabhi**, Éditions Actes Sud (2013)

Les secrets d'un esprit millionnaire, **T. Harv Eker**, Éditions du Trésor Caché (2008)

La blessure d'abandon, **Daniel Dufour**, Les Éditions de L'Homme (2016)

Le meilleur antidouleur, c'est votre cerveau, **John Sarno**, Éditions Thierry Soucar (2015)

Médiums, d'un monde à l'autre, **Denise Gilliand** et **Alain Maillard**, Éditions Favre (2011)

Jeûner pour sa santé, le secret du rajeunissement biologique, **Nicole Boudreau**, Éditions Ambre (2013)

Contactez nos défunts par l'hypnose, **Jean-Jacques Charbonier**, Éditions Guy Trédaniel (2018)

Le test - Après..., **Stéphane Allix**, Éditions Albin Michel (2015-2018)

Les familles d'âmes, **Marie Lise Labonté**, Éditions Le Dauphin Blanc (2003)

La prophétie des Andes, **James Redfield**, Éditions J'ai Lu (2003)

La vie des maîtres, **Baird Thomas Spalding** et **Louis Colombelle**, Éditions J'ai Lu (2004)

Message des hommes vrais au monde mutant, **Marlo Morgan**, Éditions J'ai Lu (2004)

L'âme du monde, **Frédéric Lenoir**, Éditions Pocket (2014)

Revenue guérie de l'au-delà, **Anita Moorjani**, Éditions J'ai lu (2015)

Les morts nous parlent, **père François Brune**, Éditions Le Livre de Poche, tomes I et II (1998)

DOCUMENTAIRE

Médiums, d'un monde à l'autre, réalisé par Denise Gilliand (2011), PCT Cinéma Télévision.
Téléchargeable en VOD:
https://www.artfilm.ch/fr/mediums-d-un-monde-a-l-autre
www.mediums-lefilm.com

CONFÉRENCE

Jill Bolt Taylor – conférence
https://youtu.be/3oLun9eRmtk

SITES INTERNET – RÉFÉRENCES

Céline Sommer
www.celinebosonsommer.com

Joël Cerutti - Alternative TV
www.alternative-tv.info

Marie Gailland
www.mariegailland.com

Médiums, d'un monde à l'autre
www.mediums-lefilm.com

Denise Kikou Gilliand
www.oeilouvert.ch
www.atelier-infini.com

Maria-Elisa Hurtado-Graciet
www.eli-pono.com
www.eveiletsante.fr

Jean-Jacques Charbonier
http://jean-jacques.charbonier.fr

Marc Leval
www.abctalk.fr
www.irccie.com

Dominique Rankin
https://www.dominiquerankin.ca

Marie-Josée Tardif
https://www.mariejoseetardif.ca

Association Le Petit Algonquin (Suisse)
http://www.lepetitalgonquin.ch

Collège Arthur Findlay
www.arthurfindlaycollege.org

Bill Thomson
www.thomson-medium.com

Janet Parker
www.medium.sitew.org

Steven Upton
www.s-upton.com

Océane Garbiec
www.revailes-toi.com

Ingrid Nicolas
www.voieduchaman.com
www.approche-globale.ch

Thierry Dafflon
thierry.dafflon@gmail.com
www.thierrydafflon.ch

WWW.EDITIONSFAVRE.COM